感情を出したほうが好かれる

加藤諦三

三笠書房

はじめに——人は「弱点を隠そうとしない人」を好きになる

ノーと言っても好かれる人がいる。しかしイエスと言っても好かれない人がいる。なぜか？　それがこの本のテーマである。

「こんなに真面目に生きてきたのに、こんなに勤勉に努力してきたのに、こんなに頑張って生きてきたのに、何も悪いことはしなかったのに、善人のつもりなのに」。だけど人生がどこかおかしい。

生きることに空しさがある、毎日なんとなくもの足りない。努力しても思うようには出世ができない。あんなけしからん奴が出世をするのに。自分のほうが能力があるのに、なぜあいつがもてはやされるのか。まわりには気に入らない人ばかりが威張っている。なぜか自分は不運つづきだ。

その原因は何か？

おそらくどこかで人生の重荷を背負うことを逃げたに違いない、本人が意識していないとしても、心はそれを知っている。

人間の大きさとか深さとかいうものはどこで決まり、どこで出てくるのであろうか？　それは人生の重荷をどこまで広く背負ったかということで決まるのではなかろうか。

若者には若者のよさがある。エネルギーがある。活力もある。若い輝きもある。しかし深さとか、大きさというものを感じさせない。それはまだ人生の重荷を広く背負っていないからである。

広く人生の重荷を背負えば大きくなる。しかし人生の重荷から逃げる人がいる。重荷から逃げたうえでどんなに真面目に生きてもどこかにうしろめたさがある。自分が〝修羅場〟から逃げたことを心は知っている。だからどうしても堂々としたふるまいができない。

広く人生の重荷を背負えば、その人は鍛練されて心が大きくなる。そして何よりも誇りが生まれる。

名誉とか、権力とか、財産とかが絶対に与えることのできない誇りが、静かにその人の心のなかに生まれてくる。それが人に安定感を与える。落ち着いた雰囲気というのはそこから生まれてくるのだろう。人生の重荷から逃げて、あとで坐禅をして修養しても心の平静は獲得できない。

もちろん、ときにその重荷に押し潰されそうになることもある。人生の重荷はものすごいストレスである。胃を壊すこともある。吐き気で苦しむこともある。体調が崩れてどうしようもなくなるときもある。眠れない夜が続くときもある。それはつらい夜の連続かもしれない。しかし最後にはやすらぎがある。

名誉や権力はそのときにはやすらぎを与えてくれるかもしれないが、長期的には心の問題を何も解決してはくれない。


人生の重荷を背負うとは、もう自分の弱点ややましさを隠すことにエネルギーを使わないということでもある。隠すことにばかりエネルギーを使っていると、何も生産的なことをしないで、消耗して燃え尽きてしまう。

何かを隠して真面目に生きている人と、居直って真面目に生きている人とではストレスが違う。何かを隠して勤勉に努力する人は疲れやすい。しかし居直って勤勉に努力する人はそれなりの成果を上げる。

失うことを恐れてはいけない。失うものはもともと自分のものではないのだ。失うことを恐れていると、それだけでまた疲れてしまう。いったん得ても失うときには失う。親しい人間関係も、名誉も、お金も、失うまいとすればそれはストレスの原因になる。

失いそうになるときに人は悲鳴を上げる。苦しくてのたうちまわる。しかし、しがみついてはいけない。努力することはいい。しかし、しがみついてはいけない。執着は人を滅ぼす。一時の心の安心のためにそれ以後の人生を破壊する。

もともと人は裸で生まれてきたのである。人は自分を出したときに強くなる。

努力しながらも、なぜかうまくいかない人は、あまりにも安易に人に好かれようとしたのである。従順とか、ご馳走をするとか、お世辞を言うとか、喜ばす話をするとか、何かを与えるとか、そんな安易な方法で好かれようとした。

自分をさらけ出すという勇気は修羅場を呼ぶかもしれない。

しかしそれが本当に好かれる方法であるときもある。人生の重荷から逃げて人に好かれようとどんなに努力しても、好かれることはない。その努力は無駄になるばかりではなく、ずるい人に利用されるだけのことである。そんな努力はしないほうがいい。

人生の重荷を背負うことから逃げてしまうと、どんなに善人で、どんなに努力してもどこかにおびえたところがでてしまう。善良に生きているのに、なんとなくびくびくしている人がいる。どこか自信がない。穏やかさもない。努力して優秀でも心は狭い。人望がない。

修羅場から逃げたあとで真面目に生きる人はたくさんいる。しかし真面目さでは解決できないことはたくさんある。あまりにも真面目すぎる人は、真面目さで解決できないことを真面目さで解決しようとしているのである。だから真面目がすぎてしまうのである。

逃げないでものごとに正面から向き合う、それはつらいことである。胃がただれるような感じがする。おそらく本当に胃壁は胃液でただれてしまっているのだろう。胃《い》潰瘍《かいよう》を繰り返すかもしれない。しかしどんなにつらくても心は落ち着く。

修羅場から逃げてしまえば、そのときだけは心理的に楽である。本当に楽である。しかし心は落ち着かない。その落ち着かなさが、見ていてなんとなく不安な感じを人に与える。その不安から安定しようと人に好かれようとする努力がはじまる。

そこまでして人に好かれようとするのは、心のどこかにやましさがあるからである。

逃げたことを心は知っている。どんなに坐禅を組み、本を読み、水をかぶっても心は知っている。どんなに真面目に生きても心は知っている。

しかしものごとに正面から向き合い、自分を出してしまった人は心が落ち着いている。だから人に好かれる。人にご馳走しなくても好かれる。人にいい話を持っていかなくても好かれる。人の申し出を断わっても好かれる。

このことが理解してもらえればこんな嬉しいことはない。

加藤諦三

●もくじ●

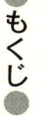

1章

なぜ自分らしく生きられないのか

――誰だって好かれたい、愛されたい

2章

自然に人望を集めてしまう人の「心のあり方」

——なにごとも無理しないほうがうまくいく

3章

好かれる生き方、好かれない生き方

——今の対人関係に必ず自信がつく方法

4章

人は、自分を出したときにはじめて強くなれる

——その関係を失うことを恐れてはいけない

5章

感情を出したほうが好かれる

——頑張っても、頑張ってもうまくいかない人は ここに気づいていなかった

1章

なぜ自分らしく生きられないのか

――誰だって好かれたい、愛されたい

「無理している自分」に気づいていますか？

自分の感情を見失うまで他人の期待に応えようとする人がいる。上司や同僚に評価され、受け入れてもらうために無理をして働きすぎる人がいる。真面目に働くことが、認められるために必要なことであると思っているからである。

人から気に入られるために人を喜ばそうとする人は、自分の感情を偽る。つまらないのに「おもしろい」と言う。嬉しくなくても「嬉しい」と言う。「こんなことをなんで私に頼むのかしら」と、内心怒りながらも明るい声で「はい、わかりました」と言う。

好かれたい、愛されたい、ほめられたいから自分を裏切る。「自分を裏切る」と言って言いすぎなら、「無理をする」。無理をするから、たとえ期待どおりに好かれても心のなかはスッキリとしていない。本当は行きたいのに「ここに残る」と言う。本当はおいしくないのに「おいしい」と言う。皆、相手の気持ちを推測してのことである。なぜか欲しいものを欲しいと言えない。欲しくないものを欲しくないと言えない。好きなものを好きと言えない。いやなものをいやと言えない。

自分のしたいことをしたいと言って嫌われるのが怖いから、自分のしたいこともしたいと言えない。そしてこのように、自分の気持ちに無理を続けるから相手に対して憎しみを持つようになる。もちろん、この憎しみは、意識されることなく無意識に追いやられることもあるし、意識されることもある。しかし、いずれにしろなんとなくその人といると不快感が出てくる。

人は誰でもひとりでいたいときもある。べつに相手が嫌いなわけではない。それなのに「ひとりでいる」と言えない。相手と一緒にいたくないと言うと、気まずくなるような気がするからである。

しかし、無理をして一緒にいるから気分が重くなる。なんとなく気持ちがふさいでくる。気持ちが晴れないのである。相手のことを考えてお互い無理をしながらも、かえってお互い不愉快になる。自分の気持ちに正直にしていれば、一緒にいて気持ちが晴れるのに、気が弱い人はそれができない。

☘なぜ相手にとって〝都合のいい自分〟を演じてしまう？

弱い人は真面目に働くこと以外にも、いろいろと好かれるためのことをする。たとえば従順であることが好かれるために必要と考える。忠誠と真面目である。

しかし残念ながら、従順な人が必ずしも相手から尊ばれるわけではない。それはまことに人生の悲劇とも言うべきであろう。相手に好かれ、尊敬され、尊ばれるために自分を犠牲にしながら、結局は相手から都合のいい存在としか扱われない。

好かれるための行為によって相手から軽く見られる。しかも何度も言うように、それらの人は無理をしているのである。気に入られよう、気に入られようとする姿勢は、ずるさに通じるから尊敬を得られないのである。

好かれようとして明るくふるまう人がいる。しかし、本当に明るい性格なわけではない。不安の防衛としての明るさである。明るい「ふり」をしている。

そのような防衛的性格としての明るい性格の人は、前から見ると、とても明るく明朗である。しかし、後ろ姿がものすごく淋しい。前から見るのと後ろから見るのとではこれほど違うのかと、その違いに驚く。見る人が見るとそれがわかる。

そして、その淋しい後ろ姿こそ、その人の本当の姿なのである。その人の心の底を表現しているのは、その淋しい後ろ姿なのである。

防衛的性格の人は悩んでいる。だから明るくふるまっても夢がない。悩んでいると夢を追えない。そこが本当に明るい人と、明るい「ふり」をする人との違いである。

♣「悩み」を隠すための〝明るいふり〟はあなたをダメにする

「関心をひくための明るさ」は防衛的性格としての明るさである。アメリカの心理学者マズローの言葉を使えば、欠乏動機で生きている人である。

つまり基本的な欲求が満たされないので、それを満たそうとして生きている人である。マズローによれば、人はビタミンCを求めるように愛情を求めている。それが欠乏すると神経症になる。

これらの恐れを利用して親が子供を育てることがある。親が子供に言うことをきかせるためにこの恐れを利用する。その結果、子供は生きることを恐れるようになる。

そしてこの恐れこそ、人をいつまでも依存的にしておく原因であろう。恐れを利用して子供を育てる親は、自分がどのようにひどいことを子供にしているかを気づいていない。

よく、よちよち歩きしかできない子供の手をとり「あんよは、おじょうず」と言って子供を歩かせている母親がいる。母親が手を離したら子供は歩けない。心理的にはこの手と同じものが大人になっても必要なのである。

従順な子供にしろ、「ふり」としての明るい性格の人にしろ、周囲に過剰適応した子供は淋しいのである。心の底では悩んでいる。そして自分では淋しいということに気づいていない。ひとりで生きていかれないから、とにかく関心をひくための明るさを演じる。心のなかの悩みを隠そうとする。

自分の世界がある人は、他人の関心をひく必要がない。淋しいからこそ、依存的だからこそ、人は周囲の関心をひく必要がある。自立してくると、ことさら他人の関心をひかなくても楽しくときをすごせる。

過剰適応している子供は、そもそも適応してはいけない環境に適応しているのである。それについて、マズローは「誰に対しても適応するのか、支配的な親に対してであるのか」という問題を挙げている。

大人になってから問題を起こす「よい子」は支配的な親に対して完全に適応していたのである。「よい子」というのも「誰に対してよい子であるのか」という問題がある。ときに人は、自分が「よい子」であることを恥じなければならないときがある。

自分の本性に逆らって支配的な人に適応すれば、神経症になったり体を壊したりするであろう。少なくとも感動する能力は失う。

「こうであるべき自分」は今すぐ捨てたほうがいい

自分を出すということは「リラックスする」ということである。自分を出すということと、何か衝動的になることと思い違いをしている人がいる。

自分を出すということは「無理をしない」ということである。相手に好かれようと思って何か特別なことをしないということである。相手の好意を期待して行動するとき、人は自分を隠す。そこにストレスも生じる。

リラックスするということは防衛的性格になっていないということである。不安からふるまわないということである。安心するということが自分を出すということである。見捨てられないという安心感を持って行動しているときに、人は自分を出している。

自分を出すというと、すごく個性的な生き方をするとか、ものすごい冒険をするとか、周囲のことを無視して自分の趣味に没頭するとか、先に言ったように衝動的な行動をするとか、自分のわがままをとおすとかいう風に勘違いをしている人がいる。

自分を出すということは、のんびりと椅子に腰掛けていることなのである。自分の格好を意識しないで、楽な気持ちで椅子に腰掛けて話をしていることなのである。

自分を出すということは、リラックスして相手と話していることなのである。相手に尊敬されようと話題を選ぶことはせず、話をしていることなのである。自分を出すということは、そんな大それたことではない。

「自分を出したら嫌われる」という思いこみ

相手に好かれようとしないで、ただ自然に相手の前に座っているときに、人は自分を出している。これといった話題もなく、なんとなく話していることがただ楽しい。そんなときに人は自分を出しているのである。自分を忘れたふるまい――それが自分を出すということである。

これを言ったら相手に嫌われるのではないかとか、こういう風に言ったら相手に喜ばれるのではないかとか、そんな気遣いをしないで、リラックスして話をしていることが自分を出すということなのである。

逆に言えば、リラックスできない人は自分がない人なのである。また、「かたち」で行動しているときには人は自分を出していない。「かたち」で行動しているときには自分にも自分がわかっていない。

リラックスして椅子に腰掛けながら相手と話をしているときには、相手と心がふれあっている。「自分の格好を意識しないで、椅子に腰掛けて話をしているということ」は、相手を無視していることではない。相手と心がふれあっているということである。

相手を意識していないということと、相手の人格を無視するということは違う。わがままとか、八方美人とか、利己主義とか、自己執着ということが相手の人格を無視しているということである。

自分を出しているときには相手と心がふれあっている。相手が自分のことをどう思っているかを気にしていないときには相手と心がふれあっている。それが大切なのである。それが「こころ」なのである。

自分を出して生きているときには、不眠症にも吐き気にも苦しまないのではないだろうか。便秘にも性的不能にもならないのではないだろうか。自分を隠すから、そのようなことになる。

自分を出していない人は「自分を出したら嫌われる」と勘違いをしている。それはまったく逆で、自分を出しているほうが好感を持たれるのである。

♣「ありのままの自分」のほうが好かれる

自分を隠しているときには不安で緊張している。

そのストレスが人を拒否している雰囲気をつくる。どんなに立派に行動しても、やはり人はその人を好きにならない。

そもそも、立派に行動したら好かれるという考え方が間違っているのである。せいぜい自分にふさわしい程度の立派さでいいのである。相手の言動がいやなときには、ストレートに「それはいやです」と言ったほうが好かれる。

いやなのにいやと言わずに理屈をこねまわす人がいる。自分の「いや」という感情を正当化するためにいろいろな理屈をつける。聞いているほうは、何を言っているのかわからない。結局、お互いに不満になる。

「いや」という感情を正当化するということは、「いや」という自分の感情にやましさを持っているからである。

いやなものはいやでいい。それで相手から嫌われるわけではない。そう言ってもらったほうが相手も気が楽なのである。「私は相手の言動に対していやと思うべきではない」という考え方のほうが間違っているのである。

自分を出すということが感覚的にわかってくれば、つぎからつぎへといろいろなことがわかってくる。

自分を出すということは、奇妙な格好をすることではない。安心して、座りたいように座ることである。気持ちが防衛的でなくなったときに自分が出る。相手の好意を求めて自分をつくらなかったときに自分が出ている。自然な起居振舞《たちいふるまい》のなかに自分が出るのである。起居振舞が人を寄せつけないときには自分を出していない。

ひとりでいるときにリラックスできたとする。そんなとき「この格好を人前で出したほうがいいよ」と自分で自分に言ってあげる。実際、その格好を人前で出したほうが好かれるのである。人を前にして、完全な自分を演出しようとしている人は完全に間違っている。

世の中にはなんと多くの人が好かれようと行動して、結果として嫌われていることであろうか。好かれるための努力で嫌われる人は多い。そんな努力はしないほうがうまくいくのである。

どうすれば人前で〝自分〟を出すことができるか

ありのままの自分では嫌われるという解釈をする人がいる。はずかしがりやの人は、ありのままの自分を屈辱的に解釈している人である。その人の声が好かれているのに、自分の声が嫌われると解釈する人がいる。

そして、自分の弱点を隠すのではなく、「自分が弱点と思っていること」を隠す。相手はそれを弱点とは思っていない。それが素晴らしいと思っていることもある。

ジンバルドーは、はずかしがりやの人は実際の自分を知られたら相手は自分のことを嫌いになるだろうと思っている、と説明している。

まさにこれは、はずかしがりやの人が防衛的性格であることを示している。防衛的とは実際の自分を知られないように身構えるということである。そして最後には自分で自分がわからなくなる。

はずかしがりやの人がことさら失敗を恐れるのも、失敗することで本当の自分がわかってしまうのではないかという恐怖ゆえである。はずかしがりやの人は、親密になると実際の自分が相手にわかってしまうのではないかと、親密になることを恐れる。親密になることを恐れるのは、そのまま防衛的性格の特徴でもある。

彼らは、実際の自分が現われることをいつも恐れている。したがっていつも緊張している。自分を隠すことにエネルギーを使っている。だから疲れやすい。外にエネルギーが向かないまま疲れる。

結果を気にしすぎるから「現在」を楽しめない

自分の弱点を隠し、すべてのことに批判されまいとして必死に仕事をしている人がいる。いつも肩に力が入って息苦しい。なんのための人生かと思われる。このような仕事熱心は息がつまる。仕事をすることを楽しめない。生きることが楽しくない。

そして、仕事の成果が現われないとひどく苦しむ。仕事のプロセスを楽しめないからである。

燃え尽きる人はこのような仕事熱心なタイプである。彼らは無駄が嫌いである。とにかく無駄が嫌いである。いつも能率が上がっていないと気が落ち着かない。

しかし、人生を終わってみれば自分の人生そのものが全体として無駄だったと気づくのではなかろうか。

人生に無駄なんてないのである。それがわからないからせっかくの人生を無駄にしてしまう。「人生に無駄なんてない」ということがわかっていないから、いつも焦っているのである。だからいつも何かに追われているのである。

☘「理想」はあなたが無駄だと思っていることのなかにある

完全主義の人は無駄を嫌う。しかし、現実には完全主義の人はかえって無駄が多い。それは完全主義の人がものごとをすべて「かたち」で見るからである。「かたち」で見るから相手の心をとらえていない。

完全主義の人は相手にお金を使う。相手のためにエネルギーを出す。相手のために時間をとる。でも「こころ」は与えていない。だから相手に尽くしながらも最後には見捨てられる。そこで「私がこんなに尽くしているのになぜ……」と不満を感じる。「ひどい人だ」と人間不信になる。

完全主義の人は無駄ばかりしている。ときに、無駄なつきあいのなかに「こころ」があり、それが生きてくることがある。無駄に見えることを無駄にするか無駄でなくするかは、本人しだいなのである。無駄をかき集めて理想が手に入るなどということは、完全主義の人には理解しにくいことなのである。

失敗は、それに対する対処のしかたで、ただの失敗にもなるし、より大きな成功へのステップになることもある。完全主義の人はどちらかというと失敗を失敗にし、無駄を無駄にする。なぜかというと、生きるバイタリティーがないからである。

♣悲観論者はいつまでたっても〝素敵な自分《ダイアモンド》〟に気づけない

完全主義の人は、無駄を嫌いながら最後には人生そのものが無駄としか思えないような生き方をしてしまう。アメリカの心理学者デヴィッド・シーベリーは、南アフリカでダイアモンドを掘っている人についてこう話している。

小さな爪ほどの小石を見つけるために、何トンもの土が取り除かれる。彼らはダイアモンドを探しているのであって泥を探しているのではない。彼らは泥を掘りながら、いつかダイアモンドを掘るのだと喜んで泥を掘っている。彼らは泥という泥を喜んで掘っている。

シーベリーは、人々は日常生活でこの原理を忘れているという。ダイアモンドより泥のほうが多いと嘆く悲観論者を批判している。この話のように、日常生活にも肯定的な事実を求めて掘り起こすことが大切である。

ところが、完全主義の人は泥を掘るのは無駄だと思っている。泥を掘るたびに「またしても泥ばっかりか……」とがっかりする。そして、はやくダイアモンドを掘りあてたいと焦る。焦ることで疲れる。これも先に述べた燃え尽きタイプである。

それに対して「こころ」を大切にするタイプの人は、泥を掘りながらも実は泥を掘っているのではない。夢を掘っているのである。

泥は無駄にもなるし、夢にもなる。それは掘る人の生きる姿勢である。泥のなかに夢を見る人は泥を掘りながらも心がときめく。そして掘るときにゆとりがある。反対に、泥を掘りながら失望する人にはこの心のゆとりがない。

私は、無駄を無駄と感じない人は、生きるエネルギーがあふれている人だと思う。たくましいのである。完全主義の人は生きるエネルギーが発散できずによどんでしまっているのである。水が流れないでよどんでしまい、腐ってしまうように、生きるエネルギーが外にほとばしり出ない。完全主義の人は生きるたくましさがない。活力のない人である。

2章

自然に人望を集めてしまう人の「心のあり方」

――なにごとも無理しないほうがうまくいく

こんな風に自分を変えたい！

気の弱い人は、自己主張など気がひけてできない。自己主張しないからといって主張したいことがないかというと、そうではない。言いたいことはある。心の底では普通の人よりもわがままだから、言いたいことは普通の人よりもたくさんある。

だから、おとなしくしているが、普通の人よりも心のなかは不満でいっぱいである。しかし、その不満や言いたいことが言えない。

なぜ言いたいことを言えないのか？　それは皆に気に入られたいからである。気に入られるために自己主張ができない。そこで不満を感じる。不満に思うけれども自己主張はできない。悪循環になっていく。

したがって、気の弱い人が黙っているからといって満足しているわけではない。八方ふさがりになって黙っているだけである。不満は日に日に心の底に蓄えられていく。

だから不眠症になったりするのである。本人がそれに気がついているときもあるし、気がついていないときもある。しかし普通の人よりも不満は解消されない。

小さい頃から、自分を抑えることで気に入られようとする習慣が身についてしまっている。そこでいつでも言いたいことを我慢する。しかし、不満であることには変わりはない。

たとえば、コンピューターを勉強することが嫌いだったとする。しかし「嫌い」と言うと親に嫌われると思い「好き」と言う。心のやさしい子供は自分が淋しがると親が悲しむと思い、つらい気持ちを抑えて明るくふるまうことも多い。

その不満が抑圧されていることもあるし、意識されていることもある。明るく人あたりのよい人のなかに、ものすごい不満がたまっていることがある。

このような人間は、ずるい人間にとっては扱いやすい人間である。自分を抑えることで人に気に入られようとしている人間は、ずるい人間にとって都合がいい。

周囲にはそのような利己的な人間が集まる。気が弱い人のほうは、皆にとって都合がいい人間になることで気に入られようとする。

「尽くしているのに気に入られない」のはなぜか？

大人になっていろいろと問題を起こす人は、そうしたつきあい方が身についてしまっている人である。そこで心の底には不満が積もりに積もっていく。毎日毎日、不満が心の底に堆積《たいせき》していく。

本人が気がつかないうちに、その不満ははかり知れないほどの量になっている。それがその人の性格に影響を及ぼさないわけがない。

上司に気に入られようと思って自分を抑える。自分を抑えて、上司にとって都合のいい存在になる。部下に気に入られようとして自分を抑える。自分を抑えることで部下にとって都合のいい上司になる。

自分を抑えるといっても、相手のことを思いやって自分を抑えるわけではない。相手を恐れるから自分を抑えるのである。

そして心の底では、自分を抑えていない人よりもずっとわがままである。普通の人よりもひどく自己中心的である。普通の人よりもずっと利己主義である。それを気に入られたいがために、普通の人よりもはるかに思いやりのある態度をとるのである。

このようにして我慢をしていれば、それが性格に影響を及ぼすのは当然である。皆とうちとけない性格になるかもしれない。他人の幸福を素直に喜べない性格になるかもしれない。親しい人とさえも心をふれあえない性格になるかもしれない。なによりも恨みがましい性格になるにちがいない。

人のために行動していながらも、なんとなく人望がないという人がいる。それは、気に入られるために相手にとって都合のいい存在になった人である。

しかし、心の底にははかり知れない不満が渦巻いている。その恨みがましい性格が、人をひきつけないのである。

気に入られたいという気持ちのために、人はどれくらい自分を痛めつけているかわからない。そしてどのくらい自分の攻撃性を抑圧しているかわからない。

しかし、この攻撃性を意識できたときに、はずかしさを克服できる第一歩を歩みだしたと言えるのである。そしてはじめて人に対する思いやりというものを持てるようになる。

☘自分自身の満足よりも、相手の満足のほうが大事になっていないか

先に「不満は日に日に心の底に蓄えられていく」と書いた。このような人はどうなるか。

はじめはなんとか取りつくろっていても、しだいに顔が暗くなる。性格が暗くなる。そして暗い人はどうしても人に好かれない。彼は好かれるために我慢しながら、結果的には人が親しくなりたくない人間になってしまう。

自己主張できないから第三者には謙遜と映ることもある。しかし人に謙遜と映っても、その人自身は謙遜したあとで満足しているのではない。不満になっているのである。謙遜と映っても、暗い顔をしていると人は避ける。

そして暗い人は皆が避けるから、結局幸運も訪れない。「笑う門には福来る」という格言は、実は恐ろしいことを言っているのである。逆に言えば「幸福論」の第一人者タタルキェヴィチが言うように、犠牲を払うから幸せになれないということである。

暗い人は努力しながらもむくわれない。我慢に我慢を重ねながらも、なぜか幸運が逃げていく。努力しても結果が悪い。努力が無駄になる。そこで恨みだけが残る。

仕事ひとつをとってみても、暗い人は努力しても、その成果は明るい人に持っていかれる。「持っていかれる」といっても、明るい人が、持っていこうとして持っていくわけではない。自然とそうなってしまうということである。暗い人は努力した結果を強く求める。努力している人で、かつ暗い人は、何よりも結果が大切なのである。

しかし肝心の結果はいつも望ましくない。その結果落ちこむ。不満だから落ちこむのである。

多くの人が集まって仕事をする。周囲の人は、明るい人にその成果を期待してしまうのである。一時は人の悪口を言うのがおもしろくても、長い間には明るい人と一緒にいるほうが愉快である。暗い人と一緒に人の悪口を言っているのは、結局は愉快なものではない。長い間には、人の悪口ばかり言う人のまわりには、同じように暗い性格の人しか残らない。

このような人達のところに、誰がいい話を持ってくるであろう。どうして人の悪口ばかり言っている集団に、幸運の女神が訪れるであろう。幸運の女神は悪口ばかり言う人を避けてとおる。

そして、悪口ばかり言う人は、満足していないから人にやさしくなれない。人はやはりやさしい人が好きなのである。やさしい人のそばにいたがる。そのほうが結局は、自分も心が温かくなる。

♣自分のなかに〝いやな自分〟が住みはじめたら、まわりを見なさい

「私は今まで努力してきた、つらい努力を続けてきた、我慢に我慢を重ねてきた、でも何もかもうまくいかなかった」と思っている人は、まず自分の心を見つめることである。

不満を感じている人は自分の心を見ていないことが多い。人の悪口ばかり言う自分の心のなかにあるものは何か、ということである。自分自身を見つめたら、つぎに周囲の人を見ることである。自分のまわりにはどのような人が集まっているだろうか。

不運の原因は自分自身の周囲にいる人が原因であるかもしれない。あなたの周囲にはあなたと同じように不満ばかり持って、愚痴を言って、人の悪口を言って、そしてときをすごしている人が多いのではなかろうか。

「うまくいかないときにはまわりを見なさい！」

自分が人脈と思っている人達こそが自分の不運の原因かもしれない。人の悪口ばかり言う集団にいつまでも属していてはいけない。あなたの人生は変わらない。

私自身、三十代の後半までつらいことが多かった。努力は死ぬほどした。努力に努力を重ねた。誰にも負けないほど努力した。ノイローゼになるほど我慢した。でも幸せは訪れなかった。

あるときに私は自分の周囲の人を見た。驚いたことに私と同じように自信のない人ばかりであった。悪口を言う人、人の悪口を言っていないと気がすまない人、そんな人ばかりであった。私自身が人の幸福を喜べない人であった。人の成功をねたましく思う人間であった。

そんな私が幸せになれるはずがない。人の成功をねたましく思う人間は、血の出るような努力をしても幸せにはなれない。どんなに努力しても幸せになれるはずがない。死ぬほど努力しても幸せになれるはずがない。自己犠牲に自己犠牲を重ねて人に尽くしても、幸せはこない。

人の悪口ばかり言っている人と離れる。それが私のある時期の生活目標であった。そして自分も変わった。

幸せをつかむ人、逃しやすい人

努力している人でも駄目な人は駄目である。自分を偽って努力している人は暗い顔をしている。恨みがましい顔をしている。執念深い顔をしている。そういう人はどんなに努力して表面は立派に見えても、幸せにはなれない。なぜなら、そういう人は人の幸せを心の底では喜べないからである。

人の幸せを喜べるようになって、自分にも幸せが訪れる。つらいことだが、この逆も真実なのである。自分が幸せになって人の幸せも喜べるようになれる。つまり、自分でなんとかして幸せになるきっかけをつくらなければならない。

私は仕事の目標のように、日常生活の目標として明るい人と接するように心がけた。仕事の時間を割いてでも、明るい人と一緒にいる時間をつくろうとした。

名誉やお金が欲しいときに、仕事もしないで、ただボーッと人といるほうを選択することはつらい。それが無駄に思える。仕事をしているほうが、どうしても有効な時間のすごし方に思えてしまう。したがって仕事をしないでいることはつらい。しかし、無駄としか感じられないその時間が、歪《ゆが》んだ自分の心をいやしていくのである。

努力しても幸せになれない人は、自分の努力が足りないと思ってはいけない。「もっと努力すれば幸せになれる」と思ってはいけない。そういう人は努力する方向が間違っているのである。接する人が間違っているのである。相談する相手を間違っているのである。

人の悪口ばかり言う人に何かを相談してはならない。彼らはあなたの幸せを祈って相談には乗らない。必ずあなたの夢を否定するようなことしか言わない。たとえあなたの心が高揚していても、そういう人に相談すると気持ちはしぼんでしまう。

悩んだときには相談する相手を間違えてはいけない。悪口を言っている人は、あなたの悩みが消えることを望んではいない。いつも悪口を言っている人は他人の不幸が楽しいのである。

努力しながらも、この人生で悪いことばかりしかなかった人は、接する人を変えることである。そして、その人たちの明るさをもらって自分も明るくなることである。

仕事や勉強の努力よりもそのほうが大切である。

努力しながらも、この人生で悪いことばかりしかなかった人は、仕事で成功することによって幸せになろうとしてはいけない。私自身、そう信じて努力していた時期がある。

また人生の皮肉であるが、表面だけ立派な人間になることによって幸せになれるものでもない。私自身、表面だけ見れば大変立派な人間である時期もあった。しかし幸せにはなれなかった。

「その人らしさ」に人は魅かれる

人は明るい性格になることでしか幸せにはなれない。明るい性格というと誤解する人がいるかもしれないが、素直な性格という意味である。何も、無闇に笑ったり大きな声を出したりしているという意味ではない。その人らしい明るさという意味である。

明るい性格になるためには、悪口集団、愚痴集団から抜けることが大切である。自分の気持ちが復讐《ふくしゆう》的になっているときには、明るい集団よりも悪口集団のほうが居心地がよい。心のなかが不満でどろどろしているときに悪口を言うのは、何か気分がいい。痛快である。

そうなってくると、やさしい人と接するよりも、悪口を言う人と接しているほうが気がまぎれる。だから、自分のまわりにやさしい人がいるのに、意地の悪い人とつきあってしまうのである。そして、どうしても冷たい人とのつきあいのほうに重きがおかれる。そのほうが快適なのである。

しかしこれは麻薬と同じ快適さである。悪口集団に属してしまうのは、目先の心理的安楽を求めるからである。心のなかがどろどろしているときには、自分と一緒になって悪口を言ってくれる人が慰めになる。しかしこのツケは大きい。

こういう生活をしていると、いざ自分に幸運がめぐってきても、その幸運をつかめない。チャンスがまわってきても、チャンスをつかめない。晴れ舞台が恐ろしくなっている。大きな仕事が怖くなっている。日々の生活の垢《あか》が出たのである。したいことはある。しかしいざ出番がまわってくると怖くて出られない。しかし出たい。

下積みをしていれば、誰だって人の悪口を言いたくなると思うかもしれない。それはそのとおりである。しかし下積みの時期に、その人がどのような態度でいるかが問題なのである。下積みの時期に文句ばかり言うから助けてくれる人が現われないのである。

「この下積みで自分の願いがかなう」と思う人と、「私がこんなにしているのに」と不平不満で文句ばかり言っている人とでは顔がまったく違ってくる。

♣あなたは苦労を明るく笑える人か、笑えない人か

下積みの時期には誰だって脚光を浴びている人の悪口を言いたくなる。しかしそのときに悪口ばかり言う人間になるか、明るい顔で下積みの時期をすごすかで、後の人生は違ってくるのではなかろうか。

仕事で大をなした人で下積みの時期がなかったなどという人がいるだろうか。この下積みが、自分の願いをかなえるためのステップと思うことができれば笑える。

しかしそう思えなければ、心のなかはどろどろとした不満が渦巻くことになる。下積みをステップと考えて明るく笑っている人と、「自分はこんなにやっているのに」と不満で暗い顔をしている人と、どちらに幸運が訪れるであろうか。

下積みは無駄ではない。そこで人間が鍛えられ、人の痛みがわかる人間になれる。下積みの時期を無駄にしてしまうのは、その人の生きる姿勢なのである。

もうひとつある。「私は苦労した苦労した」と言う人がいる。確かに苦労している。しかし、はたから見ると、「何もそんなに苦労しなくてもいいのではないですか？」と言いたくなることもある。

それは、その人の苦労の原因が、人を押しのけてでも自分が偉くなりたいからだと見えることがあるからである。あまり「苦労した苦労した」と言われると、「苦労はあなたがしたいからしているだけでしょう」と言いたくなるのである。

そういう人は下積み時代に「誰も私を助けてくれなかった」のではなく、「私自身が歪んでいたから、皆が私を助ける気にならなかった」と言ったほうが正確なのである。

〃幸運体質〃——幸せを呼びこむ力とは?

アメリカの鉄鋼王A・カーネギーが「俺のまわりには俺より頭のいいのがたくさんいる」と言ったそうである。だから彼は成功したと言うのである。そのとおりであろう。個人の力など知れたものだ。

しかし、私はやはりカーネギーの力であると思う。それは彼の明るさ、素直さである。自分のまわりに自分より優秀な人がいることを嫌う人だっている。自分の部下が自分より優秀であることを喜ばない上司だっている。社長を長く務めるコツは会長より有名にならないことだという人もいる。

カーネギーをして鉄鋼王たらしめたのは、自分より優秀な人が自分の周囲にいることを喜んだ、彼のその懐の深さなのである。彼がもし、自分の部下が自分より優秀であることを嬉しく思わなければ、彼は鉄鋼王にはなれなかった。彼のその大きさ、明るさが彼に幸運を運んできた。

幸運とは、毎日の積み重ねなのである。彼が素直で、部下の才能を伸ばすことを喜んだからこそ、優秀な人が集まり、そして優秀な人が逃げていかなかった。やはり明るい人には福が来るのである。

不満を持って生きている人は、幸福とか幸運は毎日の積み重ねであることを理解しようとしない。悪口を言う人は、自分で自分の世界を狭くしているのである。質《たち》の悪い人ばかりを自分の周囲に集めてしまう。それが不運のはじまりである。

悪口を言っている仲間の外でも、その仲間内で通用する顔で出ていく。仲間のなかでの顔で仲間の外に出ていく。それは人々にとって愉快なものではない。人は友人知人に明るさを求めているからである。

人は暗い人と一緒にいると「何かこの人、気になる人だなあ、何かこの人と一緒にいると気分がふさぐなあ」と思う。その人と接したあと、理由はわからないけど気持ちがよくない。別れたあと後味が悪い。もう一度会いたいとは思わない。

こうして人は去り、情報も去り、幸運も去る。悪口を言っている間に幸運も去っていくのである。悪口を言っている、その一時《いっとき》は気持ちがいいかもしれない。しかしその代償は大きい。

悪口を言っている人は悪口を言っている間に「なぜあの人が幸せになれるのか、なぜあの能力のない人が成功できるのか」を真剣に考えたほうがいい。自分が悪口を言っているその人がなぜ伸びるのか？　それを考えてみるのである。

「あいつはずるい、あいつはあつかましい」と悪口を言っている間に「なぜそのあつかましい人が伸びるのか」を考えるほうが生産的である。おそらくそこに、自分が嫌っている人間の長所が見えてくるのではなかろうか。あるいは、自分が気がついていない自分の弱点を見つけるのではないか。

♣「今がチャンスだ！」という言葉を聞き逃さないために

悔しいなら、悪口を言いながらでもいいから、真剣に自分もその人のように伸びてみようとしてみることである。恨んでいる間に、その人の生き方を学んでしまったほうが生産的である。

恨んでいるよりもそのほうがはるかに生きている。世の中なんてくだらないと未練たらたら言っているよりもはるかに、心理的に成熟した生き方である。
その、何かものごとがうまく回転しているような幸運な人のまわりには、やはり明るい人が集まっていないだろうか。その人達の周囲には悪口が絶えないのではなく、明るい笑い声が絶えないのではなかろうか。

悪口集団、愚痴集団に属していると、いつまでも自分達の弱点には気がつかない。皆、自分達の弱点を認めることを拒否している集団であるから気がつくわけがない。
また、そのような悪口集団は弱点も隠すし、失敗も隠す。それらを屁理屈を言って認めない。その集団のなかではそのような言動が通用するが、外では通用しない。外の人はなんとなく不快感を持つ。そこで運が逃げる。そこでまた悪口を言うことに逃げるという悪循環が繰り返される。

やさしい人には人が「今がチャンスだ！」と教えてくれる。だからやさしい人には幸運が微笑む。しかし悪口集団では仲間に「今がチャンスだ！」とは教えない。一緒に悪口を言うが、仲間で足を引っ張りあっている。

「どう思われるか」ばかりを気にしていると相手の本質を見抜けない

社会的な力というのは複合的なものである。コンピューターができる、語学ができる、経理の知識がある、数学に強い、体力がある等というものだけではない。それなのに、悪口を言っている人は力とは技術的なものだけだと勘違いしている。決してそんなことはない。

まず性格が明るいか暗いか、服装のセンスはどうか、その人のかもし出す雰囲気は、人格は、なんとなく話しやすい人か、話しにくい人か、それらが一緒になって力になるのである。

技術的な力を力と思いこんでいる人は、たとえば根回しを馬鹿にする。しかし根回しの才能は重要である。なぜなら、人を見抜く力があるかないかで、根回しの成功失敗は決まるからだ。

人を間違えて根回しをすれば、黙っていても成功するものまで失敗する。人を見抜く力は、その人が本物か偽物かのリトマス紙でもある。

自分が傷つかないように自分のことばかりに執着している人は、相手を見抜けない。

防衛的性格の人は相手を見抜けない。相手からよく思われることにばかり気をとられて、相手を見ていないからである。

悪口集団を抜ける努力をすることのほかにも、いろいろとすることはある。自分の雰囲気を変える。服装を変えてみる。今まで「そんなことくだらない」と言っていたことは、実は大切なことなのである。「そんなことくだらない」と言っていたのは、大切と認めることが怖かったからである。

とにかく、悪口を言っている間にこつこつと地道な努力をすることなのである。その姿勢が、その人に幸運をもたらす。

☘人を嫌う前に、まずあなたがすべきこと

私は悪口集団の家庭に育った。父は口を開けば人の悪口を言っていた。親戚の偉い人から、新聞に出る偉い人に対してまで、のべつまくなしに悪口を言っていた。それが私の性格をずいぶん歪めたと思う。楽しいことを話すことが、こんなに素晴らしいことかと知ったのはもう三十歳をすぎてからである。

本当は、親というのは子供の前で楽しい話をしてあげるものである。それが子供の心理的成長にとって、どれほど助けになるかわからない。そしてそれは、それ以後の子供の人生の財産である。

子供の人生で、お金を与えるよりも、楽しい話をしてあげることのほうがどれくらい大切なことであるかわからない。子供の頃に楽しい話をしてあげる親は、悪口ばかり言って遺産を残す親よりも、子供に人生の財産を残したことになる。だからこそ、お金持ちの子供が幸せな人生を送るとは限らないのである。

子供と一緒に悪口を言う親がいる。あるいは子供が親の悪口に同意して「そうだぞうだ」とうなずかないと不機嫌になる親もいる。

悪口を言って、それでどうなるというものでもない。でも悪口を言わないではいられない。

"Everyone out there is a potential Grand Inquisitor, even mothers."

この文章はジンバルドーの文章である。はずかしがりやの人にとっては、誰でもが潜在的に宗教裁判長である、とジンバルドーは言う。母親でさえ、裁判官であるという。

これでは生きていてたまらない。生きていて楽しくない。自分は、皆から、母親からでさえも裁かれる身なのである。誰も自分を守ってくれない。この感覚は小さな子供にとってはたまらない。この世に生きることが怖くなってあたり前である。おびえるのがあたり前である。

はずかしがりやの人は悪口を恐れる。皆から悪口を言われるのではないかといつも恐れている。そして自分は人から陰で悪口を言われているのではないかと不安になる。それは、自分がいつも人の悪口を言っているからである。

つまり、はずかしがりやの人は母親でさえも心の底で悪く思っているということでもある。自分がいつも悪口を言っているから、人の悪口を恐れるのである。

人を悪く言うときに、非難というより悪口と表現したほうがよいことがある。あいつはお金ばかり欲しがっていると悪口を言う人は、その人自身が、お金ばかり欲しがっているのである。悪口を言うのは相手が自分と同じことをしているからである。

だから、悪口ばかり言う人には反省がない。自分の非は認めたくない。だから自分の非と同じ非を持っている人の悪口を言うのである。

しかし、このような人は努力が無駄になる。先に書いたように、悪口ばかり言っている人からは幸運が逃げていくからである。人の悪口ばかり言う人は狭い世界で生きることになる。

「人の好意さえも疑ってしまう……」という心理

失敗を恐れている人は、失敗をすると取り返しがつかないと思いこんでいる。失敗などは決して取り返しのつかないものではない。また失敗を異常に恐れる人は、一回の失敗が自分をすべて駄目にすると思っている。

不安だから自分の失敗を誇張して考える。失敗すると、自分の欠点を非難するだけでなく自分自身を非難する。絶えず他人に好印象を与えないと、人に見くだされるのではないかと恐れる。

だからいつも成功していないと不安なのである。そこでいつも緊張している。

そのように失敗に神経質な人は、自分を他人によく見せようとすること以外に人生の目標がない。だから普通の人以上に失敗を恐れる。失敗したら他人に非難されるかもしれないと恐れる。

失敗したぐらいで人は非難などしない。だいたい人が自分に対して、いつも辛らつな見方で批評したり攻撃するとは限らない。そうした意味では、失敗を恐れる人は人の好意を信じられない人なのかもしれない。

そんなときは、まず人を批判することをやめてみる

なぜそんなに人を恐れるのか？　それはいつも自分が人の悪口を言っているからである。「あいつは実力がないよ」「あいつは底が浅いよ」「あいつはいつだって人を押しのける」などと、毎日毎日、人の悪口を言っている。

だからこそ、自分が失敗するのが怖いのである。もし彼が人の悪口を言わなくなったら、心のなかでも言わなくなったら、彼は今ほど失敗が怖くなくなる。

ジンバルドーも言っているが、はずかしがりやの人は注目を集めたいのだけれども、いざスポットライトがあたるとなると、怖くなってそのスポットライトを避ける。それは日頃、人の悪口を言っているからである。日頃の態度が彼に晴れ舞台を恐れさせるのである。

実際の自分が人々にわかってしまうと、皆が自分の悪口を言うのではないかという恐れが、成功への恐れではなかろうか。「あいつは部長のくせに、あんなこともできない」と悪口を言われることを恐れているのではなかろうか。

実力を試される晴れ舞台を踏めるか踏めないかは日頃の態度なのである。晴れ舞台を恐れる人をよく観察してみることである。よくもまあと思うほど人の悪口を言っている人が多い。そして、日頃人の悪口を言っている人を見ていると、いざ晴れ舞台というときに身をかわす。

悪口を言うというようにはっきりとした悪意が外に出ないでも、はずかしがりやの人は人の好意を信じられない。あるいは人の親切を信じられない。人の誠意ある言動でさえも、いつも疑っている。

ほんの少し「こころ」を開くだけでいい

私は授業のなかで学生に「なぜ、現在日本では心理的病《やまい》が増加しているのか？」という質問をしたことがある。

すると学生は、親の世代が貧しい世代で、その苦労を子供に味わわせないようにしたからだと答えた。しかも彼らは、そのような親の行為を好意と受け取っていた。だから、親のしたことは悪いことにはならないというのである。

子供が受けるべき困難を取り除いてしまうのは親の過ちである。子供に喜んでもらおうとするのは決して親の愛情ではない。喜んでもらうことで、親が子供から気に入られようとしているのなら、それはおよそ愛情とは正反対のものである。親の自信のなさでしかない。

「こんなにしているのに、うまくいかない」という人には、次のK夫人の話が役に立つのではなかろうか。K夫人とは、私の訳したアメリカの心理学者デヴィッド・シーベリーの本に出てくる人である。

K夫人は大学教授の奥さんである。家計は必要に追いつかない。そのうえ息子たちは虚弱体質、娘もひと冬に幾度も風邪をひく。K夫人はとうとうまいってしまった。

家事が手にあまると思うようになり、自分は主婦として不向きなのではないかと思うようになった。いつも不安である。お金のことでやきもきし、子供たちにイライラし、夫の体のことについて心配し、自分たちの不確かな未来にばかり注意が向いてしまう。

この困窮の真の原因はなんであろうか。K夫人は家庭の重圧と解釈している。

しかし真の原因は彼女の心のなかにある。彼女を不幸にしているのは、家のなかで自分は誰からも頼られるべきであるという彼女の古い固定観念であり、頼られたいという願望である。

彼女は妻らしさをまっとうしようとする。それが彼女の能力を越えているし、適性にかなっていない。無理がある。彼女は人にまかせることができない。そして人の責任まで背負っていつもイライラしている。そのことが家庭の雰囲気を悪くし、子供にも悪い影響を与えている。

K夫人は被害者と思っているが、実は加害者なのである。この世の中には被害者意識を持った加害者のなんと多いことか。

K夫人のような人は子供が幸せそうにふるまっていないと「こんなにしてあげているのに」と、不満になりがちである。

そのような親はたいてい「こころ」と「かたち」がわかっていない。「こんなにしてあげている」ことはすべて「かたち」なのである。こんな大きな家に住んでいるのに、こんな立派な自分の部屋があるのに、わが家の収入はこんなに大きいのに、こんな立派な人たちと知り合いなのに……すべて「かたち」である。

彼女はそんなに努力をする必要はないのである。間違いは彼女のやり方にある。もっと彼女に適した家庭の運営のしかたがあったのである。

彼女は自分のすることを正当化するために、心を閉ざしてしまっている。彼女は自己犠牲の姿勢にヒステリックなほど誇りを感じている。もし、彼女が自己犠牲をやめて自分の適性を大切にし、楽しく生きればすべてはうまくいったのである。

♣人に「〜してあげているのに」と思っているうちはわかりあえない

「かたち」だけで「こころ」がないということを理解してもらうためには、メランコリー気質（うつ病前性格）について少し説明させてもらわなければならない。

ドイツの学者テレンバッハも言うように、メランコリー親和型の人は人に尽くすことによってしか人と接することができない。与えることでしか人と接することができない。

人にご馳走することでしか人とつきあえない人がいる。与えるといっても、あくまでも「かたち」である。相手にご馳走した、お金を貸した、仕事を代わってあげた、などである。自分はこれこれのことを相手にしてあげたということである。例によって相手との心のふれあいはない。態度は立派だけれども、相手と正面からぶつかっていない。

人間関係ばかりではなく、メランコリー気質者は仕事においても、質量ともに非現実的なほど高い基準を自らに課して必死で働く。そんなに善良で、かつ努力しながらもつらい人生を送りがちである。必死で働きながら、なぜかいいことはあまりない。

それは相手に尽くしながらも相手の「こころ」をとらえていないからである。相手と正面からぶつかっていないからである。相手と心のふれあいがない。だから、そこまで尽くしながらも、いざというときに助けてくれる人もいない。

相手に尽くすことよりも、相手に「こころ」を開くことのほうが大切だということが、彼らにはどうしても理解できない。相手に「こころ」を開いていれば、相手に尽くさなくても、困ったときには助けてくれる人が必ず現われる。

相手に大金を貸してあげなくてもいいのである。無理しないで貸してあげられるだけのお金を貸してあげて、あとは「俺だって、金ないんだよ。お前ももっと働けよ」というような会話でいいのである。

周囲と〝いい関係〟を保てる人はこんな人

「かたち」で生きてきたものは「かたち」を失うことを恐れる。大きな家から小さな家に移ることを恐れる。その心配で不眠症にさえなる。そこで「かたち」を維持するために、死にもの狂いの努力をする。無理に無理を重ねる。気が休まることがない。

もっと仕事をしなければといつも焦っている。いつも何かに追われている。

しかし、子供にとっては大きく立派な家で父親がイライラしているより、小さな家で父親がイライラしていないほうが、ずっと快適な生活空間である。そのことが燃え尽き型人間には理解できない。

ある家族である。子供は三人。ある家の地下のようなところを借りて住んでいた。それから父親は頑張って働き、家族と一軒家に移り住んだ。新しい家でも楽しい生活があったのであるが、ある日ふと、末の子がつぎのようにしみじみともらしたという。

「あの地下の生活は楽しかったね」

それは狭くてごちゃごちゃしているところであった。しかし、その狭くてごちゃごちゃしているところで、皆が楽しく騒いでいたのである。食堂があったのではない。もちろん一人ひとりの部屋など考えられもしないほど狭いところである。その末の子は決して成績がよかったわけではない。しかし少なくとも中学生まで見る限り、家庭内暴力や登校拒否などはとても考えられない明るい子であった。

燃え尽きる人は、結婚でも仕事の成果でも最高のものを求めると、フロイデンバーガーは言う。「かたち」を求めるから最高のものを望むのである。大きな家に住んで、高い給料で、子供の成績がよくて、地域社会の尊敬を得て、といった具合である。

それに対して、結婚生活に「こころ」を求める人は結婚生活の内容が大切である。「自分にとって」最良の結婚を求める。一般的な最高のものを求めるのではない。「こころ」を求める人は〝最高〟と〝最良〟の違いがよくわかっている。しかし、「かたち」で生きている人は〝最良〟とは〝最高〟であると錯覚している。

「幸福論」の第一人者として有名なタタルキェヴィチの「きわめて重要な経験よりもささやかな幸福のほうが、より大きな喜びの源になることもある」というような言葉が理解される家庭である。大きな家に住んでいるという経験よりも、家族とともに囲む夕げの楽しさが、大きな喜びの源である家庭である。

子供が幸せそうにふるまっていないと「こんなにしてあげているのに」と不満になる親がいる。そのような親はたいてい「こころ」と「かたち」がわかっていない。

☘格好にこだわらない「自分」を持っている人は心が弾んでいる

ある心理的に病んだ人で、ものすごく虚栄心の強い人がいる。彼は大きな庭のある家に住んでいることで得意になっている。自分の力で持った家ではなく、親からの遺産である。

その人が今度は犬を飼おうと考えはじめた。「こんな大きな庭に血統書つきの犬がいたらすごいぞ」という考えである。もちろん犬が好きだから飼うのではない。こんな庭にこんな犬を飼っているという経験を持ちたいのである。まさに「かたち」である。

まず彼は、いかにして血統書つきの犬を手に入れるかを考えた。そこに目をつけた人が彼に血統書つきのコリーを買うことをすすめた。彼はすぐにその血統書つきの犬を買った。そして「どうだ、すごいだろう」と世間に向かって得意になっていた。まさに復讐的勝利である。

そして彼は毎朝その庭で体操をしていた。毎朝犬と会うのであるが、犬との「こころ」の交流がない。ジョンという名の犬はまったく彼になついていない。彼が朝、庭に出ていっても犬は喜ばない。信じられないことであるが、犬は喜ばないのである。

犬のほうは「こころ」があるから、たとえ毎朝会っていても、「こころ」のない人を見て喜ばないのである。そしてそのことを彼のほうはふしぎにも思わない。彼も犬との心のふれあいを求めて飼ったのではないから、それにショックを受けない。犬は「こころ」のある人とない人とを正確に見分ける。

その家のそばを夕方通る人がいる。ジョンという名の犬は、その人にしっぽをちぎれんばかりに振って体全体で喜ぶ。その通りがかりの人はその犬を見て、「ジョン、いたのか。元気だな、よかったな、ジョン」と話しかける。犬と心のふれあいがある。その人は地位も名誉もお金もない人である。しかし「こころ」がある。

ある犬の好きな人である。雑種の犬を飼いはじめた。いつも犬を飼えるマンションを探し求めて住んでいる。犬の好きな人は、雑種であろうが血統書つきの犬であろうが、自分がかわいいと思うことが大切である。

彼には、いくつかの分譲マンションを買える可能性のあるときもあった。しかしそれらの分譲マンションは、皆犬を飼えないマンションであった。そこで、犬を飼えるマンションを借りて住んだ。収入としては分譲マンションを購入する人と違わないのだけれども、遂に彼は一生マンションを買わなかった。

犬と別れて分譲マンションを買うくらいなら、そんなマンションはいらない。彼は犬を手放すくらいなら、一生犬と一緒にマンションを借りていたいと思った。そんな人もかなりいる。

犬が好きで一生マンションを買わなかった人は、血統書つきの犬を飼っていることが大切なのではない。犬が好きで、自分の好きな心やさしい犬を飼うことが大切なのである。これが「こころ」である。

先の心理的に病んだ人は犬を飼いながらも、犬と遊んでいるよりも、周囲の人からちやほやされることのほうが楽しい。犬の好きな人は人からちやほやされるよりも、好きな犬と遊んでいるほうがずっと楽しい。しかし自己蔑視してしまった人は、犬と遊んでいるよりも、人からちやほやされることのほうが嬉しい。何よりも嬉しいことは自分がほめられることである。そういう人が犬を飼うのが「かたち」である。

こう考えればいろんなことがうまくいく

「かたち」だけで「こころ」がないということを理解してもらうためには、もうひとつヒステリー性格について少し説明させてもらわなければならない。「ヒステリー性格者は体験に飢えている」と言われる。

たとえば山登りである。山の好きな人は山に登ることそのことが嬉しい。しかし、ヒステリー性格の人は、山に行っても深く山と交わることができない。山に登ることそのことの喜びがない。

それなのになぜ山に登るのか？　それは、何々という有名な山に登った、という体験が欲しいからである。山を愛し、山と深く交わった人は、どんな山に登っても、それぞれの満足を持つ。

しかし山に登っても山と交わることのできないヒステリー性格者は、自分にも他人にも話せる体験としての○○山登山を必要とするのである。

そのような体験はストレスがたまるだけで楽しみでもなんでもない。ヒステリー性格者は山に登ったという「かたち」が欲しいのである。

「私は、○○山に登った」という体験が欲しいのは、山を愛していないからだろう。山を愛している人は、どのような山であってもその山に登ること、そのことが目的となり、その登山が深い満足を与える。ことさらに登ったという事実を、自分にも他人にも確認する必要はない。それは何も、あとに残る必要のあるものではない。

そのときすでに満ち足りているから、登ったという「かたち」は消えてもいい。「かたち」を求める人は、自分のプラス・イメージを高めるための体験をしているのである。

このような人が子供を山に連れていくと、「親子で山登りをした」という経験を重要視する。子供が非行にでも走れば「親子で山登りまでしたのに」という疑問になる。「ヒステリー性格者は体験に飢えている」という言葉は「ヒステリー性格者は、かたちで生きている」という意味である。

外国生活でも同じである。アメリカにいる自分、アメリカにいるということが自分に与える威信に関心を持ってしまうので、アメリカ人を理解しようという姿勢がない。アメリカに住むことのおもしろさ、楽しさ、苦しさ、困難、そうしたものに関心のある人が「こころ」を理解している人である。

アメリカで偉い人と会ったという事実、そしてその事実が自分に与える威信にばかり気をとられていて、その偉い人と会って討論したことの内容、その内容のおもしろさには興味を示さない人がいる。そういう人も「かたち」で生きている人である。

そして家族でアメリカに滞在していれば、子供に「こんな素晴らしいことを経験させてやっている」と恩きせがましく思う。外国で生活などしなくても、ささやかな喜びを大切にする家のほうが子供の「こころ」を成長させる。

それは音楽を聴くということでも同じであろう。音楽は好きな人にとってはおもしろいであろうが、音楽が好きでない人でも音楽会に行くことがある。自分は芸術を理解しているという思いが大切なのである。そして子供を音楽会に連れていってあげたという「かたち」を重んじる。子供に情操教育をしていると得意になる。

♣「したことがむくわれない」のには理由がある

「こころ」のないヒステリー性格者は、仕事場でも同じである。真面目なわりにはなぜかうまくいかない。出世を心の底で望み、真面目に働きながらも、なかなかエリートコースに乗れない。

ある大学での話である。ある教授が還暦を迎えた。そのときに弟子のひとりが還暦のお祝いをしたいと教授に申し出た。教授は「いいよ、そんなことしなくて」と照れて言った。「言った」という表現よりも「言ってしまった」という表現のほうがいいであろう。その教授も内心は還暦のお祝いをしてもらいたかったのである。照れていただけなのである。

ところがその弟子が「かたち」だけの人であるから、教授の言葉をそのまま受け取ってしまった。あとに述べるように「かたち」だけの人は言葉に弱い。言葉にだまされる。言葉の裏にあるものを察知できない。そして還暦のお祝いをしなかった。

弟子にしてみれば、自分は「還暦のお祝いをしましょうか?」と申し出た。すると「しなくていい」と教授が言った。だから「しなかった」のである。言葉としてはそのとおりである。残念ながらそこに「こころ」の存在が無視されている。

もし本当にその弟子が還暦のお祝いをしたければ、あるいはする気があれば「先生、還暦のお祝いをします」と言ったかもしれない。「しましょうか?」というのは「しない」ことでもある。する気があれば「します」である。

するとどうなるか? 還暦を迎えた教授は「あんなに面倒を見てあげているのに、還暦のお祝いもしてくれない」とその弟子に不満を感じるようになる。弟子のほうは弟子のほうで自分は「還暦のお祝いをする」と言った、となる。「それなのになぜか最近教授は冷たい」とおもしろくない。

続いてその教授がある賞をもらった。その頃、いろいろと複雑なことがあって、弟子の間が割れていた。しかしその弟子はその教授の賞のお祝いをしようとした。しかし自分は年齢、その他の序列からいうと一番弟子ではない。そしてその一番弟子たちが動かない。そこで彼は、賞をもらった教授に直接話をしようとしたが、それもうまくいかない。またしても同じ間違いを犯す。

要するに、彼には「こころ」がないのである。「そこまで苦労してもする」気にはなっていない。彼が「こころ」ということを理解していれば「そこまで苦労してもする」気になったであろう。彼は周囲の目上の人にあれこれとしようとする。しかしすべて成功しない。そのことを「こころ」からしようとしていないからである。

その弟子にしてみれば「自分はいろいろと周囲の人の世話をしている」つもりである。それなのになぜか、周囲の人は自分を熱烈に支持してくれない。なぜか周囲の人は自分に好意的ではない。そして、「世の中なんて、こんなものだ」とすねはじめる。「自分はこんなに皆のことをしているのに、皆は冷たい」ともなる。

この弟子が自分には「こころ」がなかったということに気がつかない限り、「なんかうまくいかないな」という不愉快さは、彼の人生に続くであろう。

その弟子のすることは、皆「一応……」なのである。「一応、それをして」自分をアピールしているにすぎない。彼は周囲の人を世話しているというよりも、自分をアピールしているにすぎないということにも気がついていない。もっときつい言い方をすれば、彼は「もっとも楽な方法で自分を売っている」のである。

よく「もう失礼します、失礼します」と言いながら長居をする人がいる。「お茶は結構です」と言いながら、いつまでも帰らない。遠慮深いのか、ずうずうしいのかわからない。こういう人はたいてい「こころ」のない人である。「お茶は結構です」「失礼します」と「かたち」を示すのである。

☘その言葉をそのまま受け取ってしまう前に

最後に、「こころ」のない人は言葉にだまされやすいということを述べてみたい。なぜ「こころ」のない人は言葉にだまされやすいのか？　それは淋しいからである。

愛とか心とは行動なのである。しかし「かたち」で生きてきた人は言葉を信じる。「還暦祝いをしたい」というのは言葉なのである。「あなたが好きです」も言葉なのである。「あなたを愛しています」も言葉なのである。

子供の顔を見て、愛していると言ってもいいが、それは必ずしも愛ではない。昔読んだ『疑わしき母性愛』という本に「真の愛情は間接的に示される」という主旨の言葉が書いてあった。まさにそのとおりである。つまり真の愛情は行動で示されるということである。

「かたち」だけで生きてきた人は、心の底では淋しい。だからついつい言葉を求めてしまう。「愛している、好きです」といった類《たぐ》いの言葉は麻薬のようなものである。決して根本的な心の淋しさを解決してはくれない。しかし一応そこでの淋しさはまぎらわされる。そこで淋しい人はついついそのような言葉を吐いてくれる人に心が傾いてしまう。

そのような人は、シーベリーのつぎの言葉を記憶しておいたほうがいい。「貪欲な連中は、自分の意図を隠すのがうまい。目的を隠すのにこれほど抜け目のない者もいない」。淋しくて悩んでいない人は、この貪欲な連中の意図を感じとる。しかし、淋しく悩んでいる人はこの人々の言葉にだまされる。

言葉の裏側にある「本当の気持ち」に気づこう

言葉をそのまま受け取ってしまう人がいる。ある青年が友達から「お前はずるい」と言われ、それがショックで自殺をしようとした。「お前はずるい」と言ったほうの友達は、自分がそのように言ったということをもう忘れている。

自殺しようとした青年にとっては「お前はずるい」は「お前はずるい」なのである。

「ずるい」という言葉に条件環境は関係ない。どこまでも「お前はずるい」は「お前はずるい」である。もしこの言葉どおり受け取れば、ショックを受けることはわかる。しかし、言ったほうが忘れている。言ったほうは、ほんの軽い気持ちで言ったのである。受け取るほうは深刻にその言葉どおり受け取った。

二人の間で「ずるい」という言葉の共通感覚が違う。小さい頃に兄弟喧嘩をしたり、親子で喧嘩をしていれば、このようなことにはならなかったであろう。小さい頃兄貴がおいしいお菓子を余計に取って逃げていく。「ずるいぞ」と弟は怒る。兄貴は「お前だってこの間、隠れて余計に取ったろう」と喧嘩をする。

こうして子供は「ずるい」という言葉も、「嘘つき」という言葉も学んでいく。「ずるい」という言葉を深刻に受け取るときと忘れていいときとを感覚的にわかっていく。「ずるい」という言葉は、辞書に書いてある「ずるい」という意味ではなく、使われる日常生活の共通感覚を身につけていく。しかし凝固した家庭では、喧嘩は許されない。親しいから喧嘩をするということが理解されない。子供は喧嘩しながら親しくなっていくということを認めることができない。

3章

好かれる生き方、好かれない生き方

——今の対人関係に必ず自信がつく方法

「愛されること」と「気に入られること」の違い

本当は自分を出してしまったほうが愛される。感情を出したほうが好かれる。適応した子供は、愛されるためにはお行儀よくふるまうことだと思いこんでいる。しかし、無理をしていない子供のほうが「子供らしいかわいらしさ」がある。

神経症的な親は、子供に過剰な愛を求めて子供を窒息させるか、逆に子供を放任してしまう。つまり、子供をどう愛していいのかわからないのである。神経症的な人は愛を知らない。だから親子の関係でも、どう子供と対応していいのかわからないのである。

そこで、子供は神経症的な親への対応のしかたのひとつとして、お行儀よくふるまうことを選ぶ。子供は子供で、心理的に健康な人から「愛されること」と、その場で無責任な人から「気に入られること」の違いがわからない。その場で無責任な人から

「気に入られること」を、心理的に健康な人から「愛されること」と勘違いしてしまう。

その場で無責任な人から「気に入られること」のあとには何も残らない。だからこそ「よい子」は、大人になっても心の底には何も残っていないのである。外側は格好がついているかもしれないが、中身は空っぽなのである。心の空虚感をどうすることもできない。

誰からも本気で愛されたことがない……

フロム・ライヒマンはうつ病者について、その特徴は「必要と空虚」だと述べている。まさにそのとおりである。「よい子」は確かに一生懸命生きている。

しかし、あとに何も残らない。大人になっても何も残っていない。その人が困ったときに助けてくれるような人は周囲にひとりもいない。

その人を本気で愛する人もいない。その人と深い心のつながりを持っている人もいない。自分が本当に好きなものもない。心にしみる体験もない。心の支えになるものもない。もう一度言う。「よい子」は確かに一生懸命生きている。しかし、あとに何も残っていない。

「よい子」は無理してお行儀よくふるまった。しかしただそれだけなのである。「よい子」は一生懸命に勉強した。しかしただそれだけなのである。「よい子」は一生懸命に親の手伝いをした。しかしただそれだけなのである。「よい子」は先生にも友達にも笑顔で接した。しかしただそれだけなのである。

何も残っていない。無駄を嫌いながらも、そのような無駄な生き方をしてしまっているのである。

周囲の人も、皆「こころ」のない利己主義者であった。

しかし「よい子」も同じである。一生懸命に親の手伝いをしたが、その手伝いに「こころ」が入っていなかった。一生懸命に笑顔を見せたが、その笑顔に「こころ」が入っていなかった。それは、気に入ってもらうための笑顔で、自分を守るための笑顔である。自己執着的笑顔である。自己保身のための笑顔である。

♣ホンネを言わないからコミュニケーションが成立しない

神経症的な人の周囲にはその人を利用しようとする人が集まり、彼が神経症から立ち直ることを望んでいないという。私は精神分析の本でこのような事実を知って衝撃を受けた。それからそのような観点で人の集団を見てみると、本当に神経症的な人の周囲にはひどい人が集まっているのに気づく。よくもここまでと思うくらい冷たい人が集まっている。まともな人がいない。これでは神経症が治るわけがない。

神経症的な人はその冷たい人たちに気に入られようと、必死になっている。お互いに「こころ」がない。コミュニケーションが成立していない。つまりそこには心の交流がまったくといっていいほど存在しない。

だから必死に真面目に生きているが、その人生には何も残っていないのである。本当に何も残っていない。

無理なダイエットをすると骨がぼろぼろになるという。それと同じである。

「よい子」が大人になって人生を半分以上すぎた頃、その人生は外側だけで、なかには何もない。

♣「ものを頼むと迷惑がられる」という思いこみは捨てよう

うつ病になりやすい気質として、先にも述べたテレンバッハの言った、メランコリー親和型というものがある。「メランコリー親和型の人は人に尽くすことによってしか人と接することができない」と彼は言う。したがって普通に人にものを頼めない。普通につきあえない。つきあいには絶えず遠慮している。

なぜそんなに遠慮するのであろうか？　友人に対してさえ「今日、四時に遊びにいっていいか？」と聞けない人もいる。先に相手の今日の予定を根掘り葉掘り聞いて、相手の事情を推測したりする。もし何かを申し出て相手に迷惑だったらどうしよう、と恐れるからである。

日本の文化は推測の文化だという。はっきりとものを頼まないで、相手の言葉からいろいろと推測する。

私に言わせれば、推測の文化は愛を知らない文化である。自分が好きで相手が好きならもっとはっきりとものを頼めるし、はっきりとものを言える。

♣あなたがやりたいと思うことをためらわずにやってみなさい

なぜ私たちはそこまで迷惑をかけることを恐れて自分の願望をはっきりと言えないのだろうか？　それは迷惑をかけて嫌われるのが怖い、そして自分が誘ったら相手が喜ぶとは信じられないからである。

つぎに自分自身、相手から何かを頼まれて迷惑をこうむるのがいやだからである。遠慮ばかりしている人は自分が損することがいやなのである。人一倍損をすることには敏感である。だからこそ人に迷惑をかけるのも敏感なのである。メランコリー親和型の人は表面的にしていることは立派であるが、心の底は利己主義者である。

自分が相手の世話をする気があれば、そんなに相手に気がひけて遠慮ばかりすることはない。自分が相手を世話する気になれば、相手に世話になることができる。

うつ病的傾向の人が他人からの好意をやすんじて受けられないというのも同じである。自分が他人に好意がないからである。自分が相手から同じ好意を求められると困るからである。

誰であったか「うつ病者は治療中は礼儀正しい望ましい患者であるが、治療が終わると、外であっても知らん顔の他人になる」というような主旨のことを書いていた。自分が人に好意がなくて、そのうえ人の世話をする気がないから、人に世話になることに必要以上に気を使うのである。世話になることを人への「迷惑」と解釈してしまうのである。

相手に好意を持っている人には、相手のことを何か世話しても、あまり迷惑と感じない。あまりにも遠慮深くて、いつも気がひけている人は人を信じられないのである。それだけ人の世話をするのがいやな人なのである。

相手に対して信頼関係があれば遠慮はない。礼儀はあっても遠慮はない。遠慮する人は相手を信頼していないし、自分の信頼するに値する人間ではないということである。

自分が細かい仕事をしているときに、人が来て気が散ったとする。「あっち行っていろ」という言葉はお互いに好きであるという信頼関係があって言える。お互いの友情に対する信頼があって言える。

またよく「私なんか」と遠慮しつつ、自分の要求をとおしていく人がいる。遠慮しているようであるが、実は大変ずうずうしい。「あっち行っていろ」という言葉を言える友人を持っている人はそのようなずうずうしさがない。あまりにも遠慮深い人は信用できない。他人に「こころ」を開いていない利己主義者であることが多いからである。

うつ病的傾向の人はたとえば、皆に迷惑ばかりかけているとしきりに言う。しかし自分が皆にできることをしようとはしない。ことあるごとに申し訳ないと言いつつも、自分からは動こうとはしないところがある。

もちろん、彼らが怠けていると思われるのがつらいというのは本当なのである。本当につらい。それは人からよく思われることが自分の存在を保証することだからである。

そして働くことが価値あること、何もしないことは無価値なことという価値観を持っている。性格がいいとか、明るいとか、思いやりがあるとかいうことは彼らにとっては価値のないことなのである。その価値観の歪みには気がつかない。

相手の気持ちを思いやる心と相手の気持ちに縛られる心

自分が、あることを弱点と解釈しているだけで、相手がそれを弱点と思っているかどうかはわからない。しかし、相手はそれを弱点とは思っていないことがよくあるということは繰り返し述べてきた。

それなのに、相手は弱点とは思っていないことを一生懸命隠しているという人がいる。しかも、相手から見ると、それが隠されていない。本人がひとりで隠しているつもりになっている。

たとえば、ある人は自分が臆病であることを隠そうとする。その人は、自分が何かを怖がることを「弱点」として解釈している。しかし、相手はそれを弱点とは思っていない。誰だって怖いものは怖いのである。

怖がる性質を耐えがたいと感じているのは本人だけである。相手の人は、怖がる性質を耐えがたいとは感じていない。人としてあたり前だと思っている。しかし、本人は自分が臆病であることを隠そうとしている。また、隠すことに成功していると思っている。しかし、臆病を隠してみても、何かを怖がっていることは本人の表情でわかる。

その人は、自分の弱点がうまく隠せないと相手から見捨てられると思いこんでいる。自分の弱点が現われると、相手に受け入れてもらえないと思っている。本人だけが勝手に、その弱点が現われたら見捨てられるなどと考えている。つまり、いらぬ心配をし、いらぬエネルギーの使い方をしている。そんな愚かなことがよくある。

あなた以外の人は誰もそれを「弱点」とは思っていない

ある女性である。その女性の父親が会社で悪いことをして懲戒免職になっている。そしてその女性は、自分の父親が懲戒免職になっていることが恋人にわかれば自分は捨てられると思っている。そしてそれを知られないように必死で父親の話題を避ける。父親の職業の話を避ける。

しかし、すでに彼はそのことを知っている。知ったうえで、彼女のことを好きになっている。そして、彼女を傷つけないように、そのような話題を避けている。

しかし彼女は、彼がそのことを知らないから話題にしないと錯覚している。そして、父親が会社で懲戒免職になったという事実を隠そうとすればするほど、その事実が自分の恋愛の障害になるように感じられてくる。

彼女は、父親の懲戒免職という事実を自分の「弱点」としたのである。しかしそれは、その事実を自分にとって屈辱的に解釈しているにすぎない。

人は好かれようとして弱点を隠すが、実は弱点を隠すほうが嫌われるのである。弱点を必死で隠している人はなんとなくうさんくさい。弱点を隠す人は男らしさ、女らしさを勘違いしている。弱点があっても男らしいし、女らしい。むしろ、弱点を隠すと男らしさ、女らしさが失われる。

人は自分の得意なものがひとつあればそれで充分なのである。あとは弱点があってもいい。いや、あるほうが正常である。それを、あれもなければこれもなければと必死になる姿が、かえって見る人にはあさましく映る。その人は好かれようと弱点を隠すことに必死になっているが、現実には逆の効果しか上がらない。

♣ある二人の男性――人はどちらのタイプに好意を抱くか?

ある二人の男性が、同じ女性に好意を持っていた。ひとりは弱点を隠す男性、もうひとりは弱点を隠さない男性。その女性とその男性二人が、外国に行く時期がたまたま一緒になった。べつべつの仕事であるが、たまたま時期だけが一致したのである。

そこで「弱点を隠す男性」はその女性に、外国を「案内してあげますよ」と言った。そしてもうひとりの「弱点を隠さない男性」は、「向こうで一緒に遊ぼうか」と言った。

もちろん、女性の心は「向こうで一緒に遊ぼうか」と言った男性に傾いた。弱点を隠す男性は、自分の偉さを誇示しようとしたためにかえって嫌われたのである。自分がその外国を知っているということを示したかった。そして、その女性に対して素晴らしい男性を演じようとした。

しかし、女性は「向こうで一緒に遊ぼうか」と言った男性をすごく男らしく感じたと言う。弱点を隠す男性を、弱い男性と感じたのである。その感じ方は正しい。強いから弱点を認める。弱いから偉さを誇示しようとする。

また、ある男性がある女性を食事に誘ったことがあった。

はじめ、彼女はその男性にそれほどの好意を持っていなかった。そこで「いろんなことのスケジュールがはっきりしていないから」と答えた。しかし、そこでその男性は「そう、忙しいのか。残念だな、でも僕はぜひ会いたいんだ」と、答えた。

そこで、彼女の気持ちが少し変わった。なぜか？　その男性が素直に自分の気持ちを話したからである。そしてその男性は「それじゃあ、時間ができるまで待ってるよ」と言って電話を切った。彼女はなんとなく自分がはずかしくなった。「この人は自分の気持ちを素直に言う。この人は素敵だな、大きいな」と感じた。もちろん、やがてこの二人は一緒に食事をした。

もともと、この女性はべつの男性に好意を持っていた。彼女はその好意を持っている男性から電話をもらった。そのとき、その男性は「忙しいけど、少しくらいなら時間はあくけど……」という言い方をした。「食事がしたい」という自分の気持ちを素直に言わなかった。

その男性は、自分がいかに忙しいビジネスマンであるかをしきりに強調した。まるで「一緒に食事をしてやる」と言わんばかりの恩きせがましさである。

彼女の気持ちは少し変わってきた。そこで、彼女はなんとなく一緒に食事をする気にならなくなった。彼女は「まだいつになるかわからないけど、食事をしましょう」と答えた。

そうすると、その男性は不愉快さを声に表わした。もしその男性に、前の男性と同じように「いろんなことのスケジュールがはっきりしていないから」と答えても、「そう、忙しいのか。残念だな、でも僕はぜひ会いたいんだ」とは答えなかったであろう。彼はどんなに残念でも、「残念だな」とは言わない。

その女性はそのときに「残念だな」と言わない男性が小さく見えたと言う。その男性は、もし彼女に「いろんなことのスケジュールがはっきりしていないから」と言われたら、心の底で傷ついて、怒ったであろう。

彼女は、はじめは会いたかったのである。その彼女の気持ちを会いたくないというように変えたのは彼の言動なのである。彼の「自分はこんなに偉いのだぞ」という態度が、彼女を「会いたくない」気持ちにさせたのである。

♣人を喜ばせて、自分も嬉しくなれなければその好意はウソである

人は淋しいから相手を喜ばせようとする。相手を喜ばせることで相手からの好意を期待する。

人は淋しいと好意の奴隷になってしまう。相手を喜ばそうとするのは見捨てられる不安があるからである。恋人を喜ばせようとして自分の感情を偽る。喜ばせようとして緊張する。それは喜ばせようとする動機が見捨てられる不安だからである。

相手を喜ばせないと見捨てられると思っている。実際はそんなことはない。恋人は相手にそんなことを要求してはいない。しかし見捨てられると間違って確信し、不安になっている。

"Codependents" という言葉がアメリカにある。自立できない人という意味である。"Codependents" はまさに見捨てられる不安を持っている人なのである。"Codependents" の心理的特徴は相手を喜ばせようとすることである。

メランコリー親和型の人も相手を喜ばそうとする。私はメランコリー親和型の人も "Codependents" の人と同じように見捨てられる不安を持っているのではないかと思

う。

彼らは悪く思われまいとしているから、いつ見ても心配そうに眉間にしわを寄せている。善人に見えるが心の底はずるい。弱さはどうしてもずるさに通じてしまうからである。

自分のやっていることは正しいと思っているが、おびえている。気が小さいから、自分の地位を守ることにものすごく神経を使っている。人への思いやりはない。

あなたはもっと自分に自信を持っていい

神経症的な人は世間の評価を気にする。世間のもの笑いになることを避ける。恥をかかないために日常生活のあらゆる面で頑張る。面目がつぶれることを恐れる。そうなると生真面目に仕事をすることが安全なのである。

このようにして、防衛的性格の人が大人になると世間体を気にするようになる。恥をかかないようにいつも人々に対して防衛的になる。そこで世間並みのことをしようとするようになる。

世間体と防衛的性格は分かちがたく結びついている。世間とは社会的規範の準拠枠である。それにしたがっていれば外に受け入れられる。

そしてまた、防衛的性格としての発言がタテマエである。ホンネは他人に知られては困るとして隠しているものである。タテマエを守るのが防衛的性格であり、実際のその人が願っているのがホンネである。

このように、人が防衛的性格になることの原因はやはり自己蔑視であろう。

自分に自信がないから防衛的になるのである。自分に自信がないから世間の目を気にして真面目にふるまっている。あるいは見栄をはる。世間体を気にして行動することが防衛的性格の特徴である。見栄をはるが、体ははらない。

自分を出さないといつまでたってもおびえていることになる

相手に気に入られることだけでは人生の問題は解決しない。相手に気に入られても日常生活における「おびえ」はなくならない。たとえ相手に気に入られたと感じても、いつもおびえていなければならない。

相手に気に入られることで、その人の心の底の見捨てられる不安がなくなるわけではない。それが社会学者エーリッヒ・フロムの言う服従の最大の問題点である。

支配服従の関係にあるものは基本的に不安である。そんなに相手に服従していても、見捨てられる不安から免れるわけではない。おびえた態度は心の底の見捨てられる不安が現われたものである。

迎合したものはいつもおびえている。迎合する相手が上司であれ、親であれ、友人であれ、配偶者であれ、恋人であれ同じことである。自分が心理的に依存するものにおびえる。

見捨てられる不安のある人は、相手の意見に反対でも反対と言えない。反対して見捨てられることが怖いからである。相手の態度が不愉快でも「やめてくれ」とは言えない。そう言って見捨てられることが怖いからである。

しかし反対の考えとか、不愉快さがその人の心のなかから消えてなくなるわけではない。それが不機嫌である。

見捨てられる不安のある人は、自分のしたいことができない。そして、したいことをできない不満だけはその人の心に記憶される。

そして、そのような不愉快な記憶が心の底に積み重ねられることによって、相手に対するひそかな敵意へと成長していく。

その結果、相手に対してどうしても素直になれなくなるのである。あるいは相手と一緒にいても楽しくなくなる。相手と親しくなる能力の喪失である。

大人になって、その人が見捨てられる不安に苦しむのは相手の問題ではなくて、その人の問題である。

小さい頃、親におびえていたのは親の心理的葛藤が原因かもしれない。見捨てられる不安を持つ原因そのものは、温かく親しい親子関係を持てなかったということかもしれない。親が心理的葛藤に苦しんでいるときに子供は親との同一化に失敗する。子供が親との関係で見捨てられる不安を持つのは、親の側に原因がある。

しかし大人になって、その人が相手との関係で見捨てられる不安を持つのは相手が原因ではない。相手が心やさしい人かどうかとは関係なく、その人は見捨てられる不安を持つ。そしてこんなことをしたら、あるいはこんなことを言ったら相手との関係は終わりになるのではないかといつもびくびくとおびえている。たとえ相手がその人を見捨てなくても、その人は見捨てられる不安におびえている。

アメリカの精神分析医カレン・ホルナイの言う迎合も、エーリッヒ・フロムの言う服従も、彼らの言うごとく人を救わない。人生の課題を解決しない。

しかし、人は見捨てられる不安を持つときに、迎合することで不安から逃れようとする。そして見捨てられる不安から迎合的な態度をとることで、その人の見捨てられる不安は深刻化するだけである。迎合は人生の課題を解決しない。このことはいくら肝に銘じても銘じすぎではない。

さらに、迎合するときには自分を出していない。ここが問題なのである。自分を出せば自信もつくし、好意がなくても生きていけると感じられるようになる。そしてこの本のタイトルのように、自分を出せば好かれるのである。

あなた自身の〝心のモノサシ〟でまわりを見ることが大切

人生の未解決な問題を解決するということは、これまでに述べてきたような逃避のメカニズムを選択するのではなく、孤独を恐れずに自分を選択していくということである。自分の判断で行動し、その結果に責任を負うということである。そのような行動を積み重ねていくということが、その人のこれまでの人生の未解決な問題を解決するということである。

これをしないで頑張っても、なぜか人生は生きにくくなるだけである。本人にしてみれば「こんなに真面目に生きて、こんなに頑張っているのに」と思う。どこがおかしいかわからないが、どんどん人生はおかしくなっていく。

努力に努力を重ねながら、なぜかつらいほうへつらいほうへと人生は流されていく。生きていて楽しいことは何もなくなってくる。

偽名現象と言われるものがある。これなどもなぜかうまくいかない人々が感じる現象である。成功しているのに自分の力で成功したとは感じられない。そこで、何か自分は偽名でも使って生きているような、うしろめたい気持ちになる。

本当に有能でも、有能な「ふり」をしたことで、自分が有能であることが信じられなくなる。それが偽名現象である。

つまり、実際の自分を隠して防衛的になることで、自己不適格感が生じる。実際の自分に罪の意識を感じる。それがさらに人に対して迎合的な態度をとらせる。悪循環に陥っていく。

現実から引きこもり、無反応になる人がいる。現実と接しないことで自分を守るのである。引きこもることで傷つくことから自分を守る。現実から隔離された自分の世界を築いてしまえば傷つくことはない。修羅場から逃げたのである。だから、人生で解決しなければならないことが何も解決できない。

したがって、このような人たちもいつかは、自分の人生がどうもうまくいかないということに苦しみだす。

幸せにはなれない。生きるのがつらい。なんだか周囲の人ばかりが、幸せになっていくような気がする。そして「私は何も悪いことをしていないのに、なんで私の人生ばかりがこんなにつらいのだ」と不満を感じる。

心理的に病んだ人が味わう感情で、心理的に健康な人には理解できないことのひとつに「つらい」という感情がある。心理的に健康な人は苦しいとか、悲しいとか、淋しいとかいう感情はよく理解できるが、つらいということは理解できない。

つらいということは、たとえば燃え尽き症候群の人が、朝、熟睡できないまま目を覚ましたときの感情である。

もうこれ以上寝ていられないが、でも起きることもできないというときに味わう感情である。これ以上寝ていられないのである。しかし同じようにベッドから起きあがることもできない。どうすることもできない。これがつらいという感情である。

心理的に健康な人がベッドから起きあがれないのは、疲れていて「もっと、もっと寝ていたい」からである。もっと寝られるといえば嬉しい。

また執着性格の人は、疲れても仕事を休むことができないといわれる。疲れて仕事ができない。消耗して仕事の能率は上がらない。自分に鞭打っても仕事ができない。それなのに自分に鞭打たねばならない。そうしないと気がすまない。倦怠感に苦しめられて、仕事をしたくないのに仕事をしないではいられない。これがつらさである。

努力に努力を重ね、真面目に頑張って生きてきたのに、このようにつらい人生になってしまう人がいる。

確かに不運なところはあるが、修羅場を避けたことがその原因である。

まずは、自分の内面と正面から向き合いなさい

思想や宗教にすがる人もいる。思想とか、宗教とか、なんでもいいから傷つくことから自分を守るものを見つけて、それによって生きていこうとする人もいる。これもまた修羅場から逃げたのである。

その思想が自分を救わないからといって、その思想や宗教に責任があるわけではな

い。修羅場から逃げたその人が悪いのである。

弱い人は修羅場から逃げて救われる方法を求める。魔法の杖はそのひとつである。現実と接しながら問題を解決しようとすれば傷つく。そこで現実と接しないでも問題を解決してくれるものを探す。それが魔法の杖である。

そういう私自身、若い頃はやはり魔法の杖を探していた神経症者であった。恋愛の問題でも、仕事の問題でも、人間関係の問題でも、行きづまると現実に立ち向かうことなく解決できないかと考えた。

私の場合は思想に逃げていた。思想に魔法の杖を期待した。私は若い頃インドに行ったことがある。インドに行き、ヒマラヤの麓《ふもと》まで行き、そこで自分を救ってくれる何かを探そうとした。

自分の悩みを解決する糸口が、そこにあるのではないかと期待したのである。日本の現実のなかで生じた恋愛の悩みを解決する糸口は、ヒマラヤの麓にはない。今の私から見ると、その行為は卑怯であった。

外側から見ると、熱心に古今東西の思想を勉強している。しかしその熱意は、単に修羅場から逃げて人生の問題を解決する方法を探していたにすぎない。だから、立派に見える人が人生の途上でなぜか挫折するのである。

傷つくことを恐れずに現実に正面からぶつかる。それが修羅場であり、自己実現でもある。自己実現の最大の敵は防衛である。防衛的な性格になったときに自己実現は絶望に近い。

防衛的とは、外側から自分をつくるということである。自己実現とは、内側から生きる型を決めていくということである。自分の内面と正面から向き合うことなく思想に逃げて、どんなに勉強しても人生はうまくいかない。どんどんつらくなっていく。

いつも人から責められている感じを持っている被責妄想の人がいる。彼らも頑張って生きているのに、なぜか人生がつらくなってしまっている人である。

誰もあなたを嫌ってなどいない

一見、親切そうに見える人がいる。しかしその親切は防衛的性格としての親切、温かさ、思いやりである。保身のために親切にしていても、実際の自分はそうではないと知っている。心の底ではなんとなく自分の親切がごまかしであると感じている。すると、なんでもない他人の言動で実際の自分が責められていると錯覚する。

たとえば、ある人に「これしてくれなかったの？」と言われる。それは単純な質問である。しかし、その質問を「しなかった自分を責めている」と受け取ってしまう。相手は単に質問をしているだけなのである。あるいは、その人が自分のことを「ああ、どうしてこんなことをしてしまったのだろう」とか「どうしてしなかったのだろう」と後悔していても、それを自分を責めていると受け取ってしまう。あるいは「こうしていればなあ」と、相手が相手自身の願望を述べても、自分が責められているという感じを持ってしまう。

すると責められていることがおもしろくなくて、実際は自分を責めていない相手に怒りを感じる。「私だってこんなに一生懸命しているのだ」と「責めていない」相手に不満を持つ。しかもその怒りを表現できずにうっ屈する。実際の自分に対するひけ目がこの被責妄想につながる。

そして「私だってこんなに一生懸命しているのだ」というのは言い訳なのである。言い訳などしなくてもいいのに、いつも言い訳をしている。相手は責めていないのだから、言い訳は必要ない。

実際は親切ではない自分を隠すために、必要以上に親切になることがある。必要以上のサービスをしてしまう。実際の自分に罪の意識を持つからである。そして相手にサービスをしたあとでなんとなく不愉快になる。

「逃げ場所」を探してばかりいると「日のあたる場所」にたどりつけない

一生懸命頑張って生きている人がいる。実際の彼らは立派なのである。しかし、なぜか実際の自分は価値がないと思いこんでいる。彼らはいつも実際の自分が現われてしまわないかと身構えている。そして嫌われはしないかと恐れている。実際の自分が現われれば嫌われるに違いないと思いこんでいる。その思いこみは防衛的性格が強固であれば強固であるほど強い。

「こうすれば必ず嫌われる」と思いこんでいる。そんなことはないと相手が言っても信じない。また「そんなことはない」というようなことは一般には人から教わらない。そこで「こうすれば必ず嫌われる」とひとりで固く思いこんでいる。

結果として、人に対してきわめて操作的になる。好かれるためにはこう言わなければならない。ここでこのように言っておかないと、まずいことになる。ここは黙っていれば相手は必ず自分に折れてくる。このようにいろいろと相手に対して操作的になる。自分がどのような態度を相手にとるかで、相手の気持ちを操作しようとする。その結果、人とふれあえない。

この人たちも努力をしながら人生がつらくなるばかりである。歳をとると淋しくなる。損な人生である。

皆、修羅場から逃げた人なのである。修羅場から逃げてそのうえで努力し、頑張っている。だから頑張ることの意味がない。修羅場から逃げることは数字で言えばゼロである。ゼロにはなにをかけてもゼロになる。修羅場から逃げたらあとはどんなに頑張っても人生は開けてこない。

一生懸命生きても人生がどんどんつらくなっていく人は、自分のうわべだけの立派さに気をとられてはいけない。会社の仕事を熱心にしている。よき家庭人である。よく勉強をしている。そのような「かたち」に目を奪われてはいけない。どんなに立派なことをしていても、自分の心のなかを見ることを拒否しているではないか。

あるいは人との関係でも修羅場から逃げている。もしかすると家庭は家庭内離婚になっているのに、そこから逃げているのかもしれない。その家庭の葛藤に直面していくことを恐れているのかもしれない。

お互いにうまくいかなくなっているという事実から逃げている夫婦はたくさんいる。離婚という現実から逃げて、立派な夫婦を演じ、子供が思うとおりに成長しないと言って嘆く。「私はこんなに真面目に努力しているのに」と不満を感じる。「子供がうまく育たない」と言って嘆く。

しかし、家庭がどこか温かくないから、子供が心理的成長に失敗しているのかもしれない。離婚という修羅場から逃げる人は、思いやりやさしさに欠けている。

修羅場から逃げたら人生は開けない。しかし正面からぶつかればそこで勉強することはある。修羅場から逃げなければ修羅場から学ぶことはある。それが人生のたくましさである。人は逃げないで必死になればそこで勉強はできる。しかし肝心かなめのところを逃げたら、あとは必死になってもその努力の効果は出てこない。

♣つらい体験をしたからこそ、思いやりのある人になれる

人は修羅場を体験してはじめて思いやりのある人間になれる。「こういうつらい体験がある」と知ってこそ、はじめて逆の立場の人にやさしくなれる。修羅場から逃げている人はいつまでたってもわがままな人である。周囲の人にわがままな要求を出す。そしてそれがとおらないと不満を感じる。

不満になるのは、自分の要求を実現するのにどんな大変なことがあるかの陰の体験をしていないからである。もしそれを知ったとしても、頭で知っているだけで体験していないからすぐに忘れる。修羅場から逃げる人は何も学ばない。

自分が修羅場を体験した人は、人の痛みがわかるからやさしさ、思いやりが出てくるのである。つらい体験をすると、相手の立場がわかる。断わってはいけない人に「断わる」という体験をした人は、今度は逆に相手が断わりにきたときに相手の立場を理解する。相手のつらい心中を察することができる。自分のわがままがどれほど人につらい思いをさせるかがわかるからである。

しかし、おいしいところだけを食べてしまっている人は、本当につらいところの経験をしていないから思いやりがない。甘い汁だけ吸っている人は思いやりがない。だから人がついてこない。

修羅場から逃げた人は思いやりがない。人の痛みがわからない。今まで自分が犠牲になったことがないからである。公的なことの解決のときでも、私的なことの解決のときでも、同じである。

修羅場から逃げる人は、どうでもいい自己満足の屁理屈ばかりを言っている。心の底では自分が逃げていることを知っているから、自己満足の屁理屈を言っていないと気がすまないのである。仕事中毒にしろ、屁理屈中毒にしろ、自然な態度がとれなくなる。

☘運の強い人は人の評判など気にしない

必ずしも真面目に努力することが望ましい結果をもたらさないように、「とにかく勝とう」とすることの結果も、たいていは望ましいものではない。「優越すること」そのことが大切だというのが神経症的野心と言われるものの特徴である。しかし、これはよい結果をもたらさない。

このような人も頑張る。努力する。まさに一心不乱に頑張るのである。しかしあまりいいことはなかった。頑張り抜いて結果は悪かった。なぜだろうか?

それは、人を押しのける人のところにはいい仕事がこないからである。心理的に満足している人のところにはいい情報が入る。人を押しのけても自分が得をしよう、優越しようという人のところにはいい情報が入らない。

やさしさのある人のところにはいい情報が入る。明るい人のところには人が寄ってくる。当然いい情報も集まる。眉間にしわを寄せて、険悪な顔をしている人のところに誰がいい情報を持ってくるであろうか。

明るい人には福が来る。それは黙っていても人が福を持ってきてくれるのである。

先にも書いたようにチャンスが来れば、やさしい人には周囲の人が「今がチャンスだ！」と教えてくれる。

それにもうひとつ、「運の強い人は人の評判を気にしていない」。逆に仕事で運に見離されたような人は人の評判を異常に気にしている。

つまり、「優越すること」そのことが大切な神経症的野心を持った人には運が向いてこない。努力をしているけれど、やることなすことすべてうまくいかないのは、その人の日々の心の姿勢が原因なのである。

4章

人は、自分を出したときにはじめて強くなれる

——その関係を失うことを恐れてはいけない

「本当に好かれる理由」はこんなところにあった！

心が弱い人は、人から気に入られることが心の安定に必要である。人から気に入られることで、自分の存在証明ができる。

しかし、現実の自分を気に入ってもらおうとしているのではない。「理想の自画像」を「現実の自分」として相手に認めてもらおうとしているのである。

もし彼らが、「現実の自分」を人に受け入れてもらおうとすれば自分に自信がつく。そしてはじめて心配から解放される。

しかし、現実の自分ではなく、自分が演じる「理想の自分」を実際の自分として認めてもらおうとするから、いつになっても心が晴れないのである。いつも何かが心配なのである。どんなに見事に「理想の自分」を演じていても、実際の自分がばれることが心配である。隠しているものがばれるのが心配なのである。

「寛大にふるまうことによって、その同胞から無理にも賞賛を勝ち得ようとする人が少なくない。けれどもそれはめったに成功しない」と、スイスの思想家ヒルティーは言っている。

寛大にふるまうことによって気に入られようとする。しかし逆に軽く見られる。人にものを与えることによって気に入られようとする人がいる。これも成功することはまずない。たいていは軽く見られる。

やたらにご馳走すること。いい仕事をまわすこと。誰に対しても金離れのいいこと。何に対してもイエスと言うこと。それらのことで相手の心をとらえることはまずない。結果は逆である。軽く見られてしまう。

ある有名人の話である。彼は、劣等感から努力して今日の地位を築いた。しかし、劣等感は成功によって消えるものではなく、逆に深刻になっている。劣等感をバネにして頑張れば、成功しても失敗しても劣等感は強化される。

その有名人は内面の不安を隠し、人にいい話をばらまくことによって人の気をひいていた。すぐに人にご馳走する。わりのいい話を周囲の人にまわす。ものを配る。そして人は彼のまわりに集まっていた。しかし、彼は何か心が晴れない。相変わらず後ろ姿は淋しそうである。

彼のまわりに集まっている人々は心の底では彼を重んじていない。甘い汁を吸いたいから表面はお世辞を言うが、心の底では彼を軽く見ている。それゆえ、彼が軽く見られていることを意識しているかしていないかはべつとして、彼はなんとなくすっきりした気持ちになれない。なんとなく見えない不満が彼の心の底でくすぶっている。

そうこうしているうちに、彼の勢いにもしだいに翳《かげ》りが出てきた。そんなとき、彼にとっては地獄の体験が訪れた。

それは、彼がある大事な人に素晴らしい意味のある仕事を頼んだ。その人は喜んで仕事を引き受けた。しかし、それをべつの人に頼まなければならない事情が発生した。はじめの人にその仕事を頼むことができなくなった。

彼の悩みはそのときからはじまった。こちらから頼んでおいて、喜んで引き受けてくれた人に、その仕事を断わりにいかなければならなくなったのである。相手は普段から自分にとって頭が上がらない人である。

彼は今まで、相手が喜ぶことを頼んでは相手の歓心を買ってきた。しかし今度は相手がいやがるようなことをしにいかなければならなくなったのである。単純に断わるのではない。いったん頼んだことを断わるのである。しかも、その仕事はその人の知り合いのところにまわさなければならなくなった。二重にも三重にも悪いことが重なった。

彼はやつれて私のところに来た。私は彼の話を聞いたあとで、こう彼に言った。

「これが好かれることなんですよ。今あなたがやろうとしていることが、まさに本当に好かれることなんですよ」

彼は、はじめは意味がわからなかったようである。彼は今までまわりに飴《あめ》をばらまいて好かれようとした。

彼は楽をして好かれようとしていたのである。それが彼の今までの、人に好かれようとする方法であった。だから、はじめのうち彼は、私の「断わりにいく。あやまりにいく。それが本当に好かれる方法なんですよ」という言葉が理解できなかったのである。

私は彼に今まで本当に心理的な安定があったか、やすらぎがあったかを聞いた。彼は「いつもおびえていた」と言った。

彼にとっては世界ばかりでなく、生きていることそのことが恐怖に満ちていたのである。生きることが「怖い」。心理的に健康な人が理解できないのが、この「生きることが怖い」という感じ方である。

♣「いやなこと」を避けてばかりいると、本当の自分を見失う

彼はまわりに与えるだけ与えた。しかし、それにもかかわらず彼の心はおびえていた。私は彼に、そこまで周囲に恩恵を施しながら、なぜ彼がいつもおびえていたのかを説明した。彼が好かれると思ってしていたことが逆であること、彼が格好いいと思っていたことが実はひとつも格好いいことではないことを説明した。

彼はあやまりに行かなければならなかった。彼に「今あなたがしなければならないこと、それが格好のいいことなんですよ」と説明した。そして、相手のところにすぐ謝罪に行くように彼を説得した。私は彼に誠心誠意あやまることをすすめた。なおざりの謝罪はかえって相手の神経を逆なでする。誠心誠意あやまる。とにかく、相手のところへ一刻も早く飛んでいくことをすすめた。

彼は今まで、誠心誠意あやまるという重い体験をしていない。それが彼の気持ちの

腰が座っていないところだったのである。人を喜ばすことで気に入られようとしていたから重い体験がない。

要するに、彼は今まで修羅場から逃げてきた。彼がそれほどまでにまわりの人に尽くしながらも心理的やすらぎが得られなかったのは、彼が肝心かなめの修羅場から逃げて生きてきたからである。

彼の人生はどこかがおかしかった。彼は一生懸命生きた。努力もした。そして働いた成果は皆、周囲の人に分け与えている。それなのに幸せにはなれなかった。それなのになぜか人生は好転していかなかった。

それは彼が修羅場から逃げて生きてきたからである。

彼は自分の心の底にある劣等感とも正面から向き合ってこなかった。自分の心のなかの孤独感とも正面から向き合ってこなかった。淋しい気持ちを見て見ぬふりをしてきた。それが修羅場を避けたということである。そしてそれを避けたからこそ必死で仕事をし、勉強をした。その淋しさを周囲の人からの賞賛で埋めようとした。

彼は自分の心の底にあるものと正面から向き合うという修羅場を避けたからこそ、強迫的に仕事熱心にならざるを得なかったのである。彼は頑張ったというが、それは修羅場を避け、そのうえで頑張っていたにすぎない。だからいくら頑張っても幸せにはなれないのである。

頑張っても、頑張っても何かうまくいかない。彼はすでに自分にとって何が望ましいのかもわからなくなっていたのである。

♣だから周囲から尊敬されない、重く見られない

彼のように、自分にとって喜ばしい体験をどのようにして得たらいいかがわからなくなって、ただただ仕事をしているのが強迫性ではなかろうか。目的地はわかっているのだが、どうしても目的地に行けない。そんな状態である。そしてその目的地に行こうと焦っている。焦っているのだけれども、どうしてもそこへ行けない。

今度こそ彼は修羅場から逃げられなくなったのである。逃げて挫折するか、修羅場を迎えるかである。修羅場から逃げないというのは、そのときの彼がもっともつらいこと、相手のいやがることをすることである。

彼のような神経症的な人は誰にでも好かれようとする。皆に好かれることで生きて

いこうとする。しかし今度は、相手にとっていやな話を持っていかなければならなかったのである。彼は嫌われることを恐れた。しかし、実は彼が「嫌われると思っていることが、好かれることなのである」。

繰り返し述べるが、今までの彼は、相手の喜ぶような話を持っていって好かれようとしていた。だから皆、彼を避けなかったかもしれないが、彼をそれだけの人間としてしか扱わなかった。

心のなかでは誰も彼を尊敬していなかった。しかし、実は今度のような重い体験をすることによって、相手は「この人はたいしたものだ」と尊敬するのである。彼は今までは心理的に楽をして好かれようとしていた。だから周囲から軽く見られていたのである。

相手の立場に立てば、自分のすべきことが見えてくる

私は彼に、その場からすぐにその人に電話を入れるようにすすめた。とにかくあやまることである。彼は電話をかけたが、そのときは相手はいなかった。しかし、夜に

は相手が帰宅してきたので連絡がとれた。

彼は「会いたい」という旨を告げた。相手は「急ぎますか？」と、聞いてきた。そこで彼は「急ぎません」と、答えてしまった。なぜか？　彼は相手に迷惑をかけるのを恐れたのである。相手の負担になることが怖かったのである。「急ぎません」ということでスケジュールは決まってしまった。

翌日彼はまた私のところに来た。私は「急ぎません」という彼の言葉を叱った。彼は、ここまできてもまだ相手の負担を恐れて、相手の心を理解できていない。相手にしてみれば失礼な話なのである。非礼きわまりない話なのである。その失礼な話をするのに「急ぎません」と言われていたら、相手はそのときどう思うか。「冗談じゃない」と思う。

彼のような神経症的な人は「好かれたい」「嫌われるのが怖い」と、そればかり考えている。「迷惑をかけるのが怖い」と、そればかり考えている。相手の立場に立ってものごとを考えられない。彼はまたしても逃げたのである。自分にとって心理的に楽な言い方をしてしまった。

ここで大切なことは、とにかく急いで相手のところへ行って「申し訳ない」と誠心誠意あやまることなのである。その行動を見て相手は許す気持ちになるのである。

それなのに「急ぎません」と言ってしまえば、相手は「急ぎではない？　ふざけるな」となろう。そこで、彼が翌日訪ねてきたときにこの話をして、その場で再び電話をかけさせた。

♣行きづまったら、一度逆のことをやってみよう

このようなことを一つひとつ確実に実行することで、人は彼を尊敬するようになる。彼を軽く見なくなる。「行きづまったら逆が真」という言葉がある。この言葉をアメリカの心理学の本で読んで以来、いつも困ったときの参考にしている。

彼も行きづまった。それは彼が正しいことの逆のことをしていたからである。

私が彼になぜ自信を持ってこのようなことをすすめたかといえば、私自身、昔は彼と同じだったからである。私も皆におごった。ベストセラーにつぐベストセラーを書き、それで稼いだお金は手元に一円も残らなかった。

人の喜ぶことをして、人に好かれようとしていたのである。しかし、どんなに彼ら

が喜ぶようなことをしても、皆私のことを軽く見ていた。それを心の底では感じていた。意識はしていなかったが、どこかでそれを感じていた。それが私の理由なき不快感であった。

しかし、あるときにこの彼と同じ立場に立たされたことがあった。当時の私にはもっともつらいこと、相手にとって不愉快な話をしなければならないことがあった。ただ、当時すでに心のどこかで、私もそれまでの自分の生き方が間違っているということに気づきはじめていた。

今まで自分は人に好かれようと、すべてイエスと言い、相手に恩恵を与えて必死になって好かれようとしていた。周囲の人に恩恵を与えているが、その動機を考えれば決して立派なことではない。自分を売りこんでいただけではないか。そう、心のどこかで気がつきはじめていたのである。

そして事件に出会った。私も、一度は相手の喜ぶ話を頼んでおきながら、それをなかったことにしてくれと頼みに行かなければならなかったことがあった。私はいやだいやだと思いつつ、ときをすごした。しかし、どうすることもできなかった。そして遂に肚《はら》を決めて断わりにいく決心をした。

ふしぎなことに、そのとき私はそれまでにない心の平静を感じた。驚いたことに、心が信じられないほど澄みきっていた。人に恩恵を与えて好かれようとしていたときには決して感じることのなかった、えもいわれぬさわやかさであった。私は自分で自分の心のさわやかさに驚いた。

今でも覚えているが、そのとき私は夜の新幹線に乗って東京から名古屋まで飛んで行った。誠心誠意あやまろうと思っていた。座席に座りながら、心がはじめて自信に満ちていた。相手が喜びそうな話を持っていくときには決して味わったことのない心の落ち着きであった。

相手があれだけ喜んだ話を「もう一度自分に返してくれ」と言うのは、当時の私にとってもっともつらい体験であった。

当時の私は、まだご馳走することで相手の歓心を買おうとしていた時期である。拒否されることで心理的安全がおびやかされていた時期である。拒否されると落ちこんでしまった時期である。拒否するのも、拒否されるのもつらい時期であった。

逃げないことで自分に自信がつく

相手からの期待を裏切れない人がいる。裏切ることがつらい。ひとつには人のよさもあろう。あるいは相手から期待されたことの喜びもあろう。

しかし、もうひとつ忘れてはならないのは、相手の期待を裏切って相手から失望されることの恐ろしさである。相手の期待に応えることで相手から気に入られようとしている人にとって、相手から失望されることはつらい。

私もそんな人間であった。その私が、相手の期待をものの見事に覆す行動に出なければならなかったのである。それなのに、新幹線のなかでのこの心の静けさ、さわやかさはいったいどうしたことだろうと思った。それまで味わったことのない心の静けさ。それはどこからきたのであろうか。

おそらくそれは、いい話を持っていくときにはなかった相手に対する誠意から生じていたのであろう。そして、その相手に断わりに行くときに、相手に対して今まで味わったことのない親しみを感じた。はじめて「あいつ」と「自分」という個性の存在を感じた。

相手を喜ばそうとして、従順にしていたときには味わったことのない自分と相手との心のつながりを感じた。そのとき新幹線の座席から暗い外をながめながら、心底「今まで、相手に好かれようとして私がしてきたことは間違っていた」と感じた。

勇気をもって心をさらけ出せば必ず温かく包まれる

「もう修羅場から逃げない」。私はそう思った。それまで、いつも何かが心にひっかかっていた。それはいつも最後には修羅場から逃げていたからである。最後には修羅場から逃げる。つまり、ものごとのけじめをつけていない。修羅場から逃げて、そのあとでどんなに一生懸命相手に尽くしても心は何か曇っている。

そしてその話が終わって帰るときに、私はとても気持ちがよかった。今まで味わったことのない気持ちのよさであった。断わりに行ったことで相手の器量も見えた。相手は私の肩を叩きながら「いいじゃないですか」と言った。

相手の器量が見えたということは、相手もつぎのことを知っていたということである。それは、喜ぶ話を持ってくる人は危ないということである。喜ぶ話を持ってくる人は陰で悪口を言う可能性がある。

私と彼との信頼関係は、彼が喜ぶ話を持っていったときにつくられたのではなく、彼が望まない話を持っていったときにつくられたのである。相手は修羅場から逃げている人間ではなかった。だからこそ、私の心中を察してくれたのであろう。

もしここで彼との関係が壊れたとすれば、彼は今まで修羅場から逃げてきた人である。私は「そんな人間は必要ない」と思った。今まですべての人に好かれようと、不毛の努力をしてきた私であった。しかし、このときはじめてそう思えた。そのときに背筋が伸びた。

修羅場を体験するといいことはたくさんある。まず、人が見える。相手が見える。相手が見えるから、相手が怖くない。

人は逃げないことで自信がつく。この点が大切なのである。しかし、対人恐怖症の人は、理想的な自分を演じることで自信がつくと勘違いしている。どんなに「理想の人間」を演じても、それだけでは自信がつかないということは社会を見ればすぐにわかる。

自分の失敗を認められる人だからこそ、人から認められる

失敗したときに失敗を認めるから自信がつく。

しかし、対人恐怖症の人は失敗を認めない。だからいつも自信がない。自分が失敗を認めたときに、周囲の自分に対する態度で周囲の人が見えてくるのである。弱点を認めるから自信がつくのである。弱点を認めるから、人は「あいつは大きい」と見るのである。

私もそのとき逃げようとすれば逃げられたかもしれない。いい話をなかったことにしてくれと言いに行くときに、もっといい話を持っていけばいい。しかしそれでは、今までの好かれるための行為と同じことである。

あやまるべきことは逃げずにあやまる。怒られるべきところは逃げずに怒られる。

そのあとで、後日いい話を持っていくとすればそれは逃げの話ではない。相手に好

かれるための話ではない。今度は相手に対する愛情からの話である。そうなったときには人は挫折しない。そうなったときにいい話を持っていっても相手はこちらを軽く見ない。

修羅場から逃げて坐禅を組んでも自信などできるものではない。修羅場から逃げて権力を握っても自信などできるものではない。修羅場から逃げてお金持ちになっても自信などできるものではない。修羅場から逃げて有名になっても自信などできるものではない。修羅場から逃げて善行を積んでも自信などできるものではない。

社会的に成功していながらも、不安げに眼がキョロキョロしているような人は、修羅場から逃げて一生懸命働いて成功したのだろう。しかしいつもおびえている。善行を積みながらも不安げに眼がキョロキョロしているような人も、修羅場から逃げて一生懸命善行を積んだのだろう。

修羅場を踏むごとに人は自信を身につける。修羅場から逃げるごとに人は生きることにおびえるようになる。逃げたことを仕事で償《つぐな》おうとするから、強迫的に仕事をするのである。逃げたことを成功で償おうとするから強迫的に成功を求めるのである。

うつ病者は、よく「さっぱりしない。心が晴れ晴れしない。いつも心が曇った感じ」

という ようなことを言うという。おそらく、うつ病者は逃げて逃げて逃げまくったのではなかろうか。そして、もうそれ以上逃げられなくなって挫折してしまったのではなかろうか。

彼らは生まれてから何ひとつ正面から立ち向かっていかなかった。それが「さっぱりしない。心が晴れ晴れしない。いつも心が曇った感じ」の原因ではなかろうか。彼らは一つひとつのことにきちんと結末をつけてこなかった。どちらにもいい顔をする二重生活のようなことをしてきたのである。

うつ病者の悲観的傾向も、過去の人生における「逃げ」が大きな原因ではなかろうか。彼らは自分の人生に何かよくないことが起こるのではないかと恐れている。

はずかしがりやの人も同じである。逃げて生きているからいつも何かが気になっているのである。心の底では自分が今までどんなことをしてきたかを知っているからである。

相手が自分をどう思っているか気になってしかたがないとき

自分のことを実際の自分以上に思ってもらおうとして周囲の人々に与えるものには、「こころ」がない。どうしても「かたち」だけになる。

「私がこんなにしてあげているのに……」とか「どうして私だけがこんなにつらい思いをするのだ……」などと周囲の人に不満を感じる人は、なぜ自分がそこまで無理をして周囲の人に与えているのかを反省してみることである。

たいていの人は、自分の心の底にそこまでしてでも、周囲の人に実際の自分以上に自分を思ってもらおうとする欲求があることに気がつくのではなかろうか。

結局、周囲の人に不満を感じる人はたいてい、自己顕示のために人に与えている。だから親しい関係ができないのである。そこまで無理をして、人のために与える人の心の底を問いつめていくと、そこには自己顕示欲がある。

相手と感情を共有することを「こころ」があるというのである。自己顕示欲の強い人には「こころ」がない。自己顕示欲の強い人には、認めてもらうための行動が多すぎる。しかし期待したほど相手は自分を認めてくれない。そこで不満を感じる。

人のために努力に努力を重ねながらも、なぜかことごとくうまくいかないという人は、心のどこかに問題がある人である。人のために尽くす真の動機に気がついていない。そういう人は自分の心の底を冷静に見つめてみることである。

その「不満」の数だけ「要求」があることに気づいていますか

もちろん心の底にあるのは、ここで言う自己顕示欲ばかりではない。カレン・ホルナイが言う神経症的愛情要求かもしれない。

「私はあなたにこれだけのことをしました、あなたは私に何をしてくれますか」というような、ひそかな要求が心の底にあるかもしれない。だから、無理な努力をして相手に尽くしているのである。

心の底でいつも相手に何かを期待しているから、相手のために苦労しているのかもしれない。相手が自分に何かをしてくれることを心ひそかに期待しながら相手に尽くしているのかもしれない。そして期待しているようなものが相手から返ってこないので不満を感じているのかもしれない。

何かを期待するくらいなら好意など施すなと、シーベリーは述べている。自分が時間をかけ考慮を重ねたものを与えるか、それとも自分はそんなに寛大な人間ではないということを認めるか、二つにひとつであると彼は言っている。感謝を期待すれば、どことなく隙間風が吹いてくるとも言っている。

自分はそんなに寛大な人間ではないということを認めることができず、無理な努力をして人に何かを与えて体を壊しても、いいことは何もない。無理な努力をする時間を自分の心の底を見つめる時間にする。そのほうがはるかに人生の成功は約束される。人生の成功と社会的な成功とは違う。無理な努力をしているから人生の成功が逃げていくのである。苦労しなければ向こうから人生の成功がやってくる。先に述べたように、笑う門には福が来るのである。逆に苦労する門からは福が逃げていく。

日本には、自己犠牲の姿勢をなかなか崩さない人は実に多い。それほど不平を言うのなら、自己犠牲をやめればいいと周囲の人は思う。しかし、自分を犠牲にする人はまず犠牲的役割を放棄しない。その理由は今までもいくつか述べた。そのほかにもまだ重要な原因がある。それは犠牲的役割を放棄するのが淋しいということである。

「なんで私だけがこんなに犠牲になるのだ」と不満を言いながらも、その犠牲的役割を放棄しないのは、それだけその役割がその人に意味を持っているからである。その犠牲的役割こそが、その人にとって生きている意味なのである。

だから「なんで私だけがこんなに犠牲になるのだ」と文句を言いながら、その役割を続けることがその人の願望なのである。

"愛情の深さ"を"自己犠牲の深さ"と勘違いしてしまうと……

シーベリーの本に、仕事を持つある女性の話が出ている。

彼女は疲れきって医者を訪れる。彼女には休暇が必要である。しかし彼女は休暇が取れない。会社が許してくれないと思っている。

彼女は、ボーイフレンドがアパートに遊びにくるといっては、特別の料理をご馳走する。彼に楽しい思いをさせようと、いくらでも骨を折る。ボーイフレンドは喜ぶが、彼女は消耗し、倒れる。そして倒れてもなお、自分のことよりも周囲の人のことをしようとする。

しかしこの女性は医者の忠告を聞いて、そのような生活をやめた。するとどういうことが起きたか。ボーイフレンドは、単に彼女のつくるおいしい料理を目あてに来ているだけであることがわかった。彼女は単に都合のいい存在としてしか扱われていなかったのである。

会社はどうであろうか。上司も彼女が有能であるからこそ仕事をまかせている。彼女が酷使され続けることを拒否した時点から、彼女の成功ははじまるのである。自分の弱さから、皆を喜ばせようとするときに周囲に集まる人はずるい人ばかりである。決してその尽くす人を尊敬しているわけではない。また親しみを感じているわけではない。

今まで述べてきたように私自身、若い頃は神経症的傾向が強かった。「かたち」と「こころ」が理解できなかった。そこで体を壊すまで働いたほうのひとりである。いっさいの遊びをしないで、体に鞭打って働きに働いた。体を壊して寝こんでも寝こんでも、また立ちあがって働いた。そしてその異常な働きから得たすべての収入を周囲の人のために使い果たした。自分のためには何も残さなかった。しかし周囲の人は私にいよいよ多くを要求し、私を牛馬のように扱った。

「なんで自分だけが」という不満を心の底に持ちつつ、私は犠牲的役割を演じ続けた。しかし私は運に見放されていたわけではないのである。私が犠牲的役割を演じるから福が逃げていったのである。

自分の心身を消耗し尽くすような苦労を背負いこまなければ、福は向こうからやってくる。それに気がつかずに、周囲に「かたち」だけのものを与え続けた。私から「かたち」だけのものをもらった人はもっと与えろと要求した。若い頃の私は、その要求に応えるべく地獄の努力を続けた。

犠牲的役割を演じ続ける限り、蜜を求める利己主義者だけがまわりに集まる。しかし、無理な苦労を背負いこむのをやめれば周囲には心の温かい人が集まる。

☘「犠牲を払うから幸せになれない」

私自身もそう信じていたのであるが、日本人はどうも「苦労をすればいいことがある」という考え方をしがちな気がする。その考え方自身が間違っているとは今でも思っていない。しかし、それにはひとつ重大な前提がある。人のために苦労をする動機を無視してはならないということである。動機によっては、苦労はさらに悲劇を呼び寄せるだけである。

「苦労をすればいいことがある」という考え方が身についている人にはむしろ、タタルキェヴィチの「犠牲を払うから幸せになれない」という言葉が必要である。

さらにシーベリーは失敗と美徳とを無意識に結びつけている人がいるという。こういう人は成功することを恐れている人であるが、このような人はアメリカ人より日本人に多いのではなかろうか。

タタルキェヴィチの「犠牲を払うから幸せになれない」という言葉の真の意味を理解し、失敗と美徳とを無意識に結びつけなくなれば、世の中の多くの母親や妻や、上司や部下の不満はかなり解消されるのではなかろうか。

暗い顔をして「私さえ我慢すれば」と言っている母親は日本に多い。しかし、その我慢こそ家族を不幸にしているのかもしれないということを、母親達は考えたことはないようである。もちろんそのような我慢が家を救っていることもある。しかし逆にそのような我慢こそが家を崩壊させるということもある。

シーベリーは「いつの日かわれわれは、よくあるあの自己犠牲とは、他人を食いものにする生き方の第一点であることに気がつくでしょう」と述べている。

シーベリーは、他人のトラブルを自分のものとすることは、盗みであって美徳などではないと主張する。そのトラブルによってその人は成長するのである。他人のトラブルを背負いこんで消耗し、周囲の人の重荷になりながら、自分ひとりで自分は犠牲的美徳の人と思いこんでいる人がいる。

トラブルを生み出す四つの考え方

私たちはよく相手のために犠牲になっているつもりで、実は自分が相手を犠牲にしているということがよくある。だからこそいくら年齢を重ねても大人になれないピーターパンシンドロームの母親は「あなたが幸せになってくれるなら私はどうなってもいい」というようなことを言うのである。

この母親は自分を犠牲にしているのではなく、自分の弱さを正当化して息子を犠牲にしているのである。だからこそ息子は心理的に成長できない。

「私がこんなに一生懸命しているのに、どうして皆はわかってくれないの……」と不満を感じる人は一度立ち止まって自分の心の底をのぞいてみることが必要である。

「一生懸命」しているから、すべてがまずく回転しているのかもしれない。自分が今、人のためと思ってしていることは、実は人に何も本当の恩恵をもたらしていないかもしれないという発想を持ってみることである。

精神分析医のロロ・メイの書いた『愛と意志』（誠信書房）という本がある。そこには、「他人の身になって心配することはしないが、つねに他人の面倒はよく見ることができたし、心以外なら金銭も、どしどし与えることができた」と書かれている。

シーベリーは、トラブルを生む十二の考え方を挙げている。そのなかで、ここで関係のあるものを挙げると、つぎの四つのことである。

第一に、他人の重荷を背負いこむ。第二に、疲れすぎて遊びを知らない。第三に、自分が終始悩まされているからといって、他人を非難すること。第四に、自分は運に見放されていると思っていること。

「なんで私だけがこんなに苦労をしなければならないのだ」と、いつも不満な人はこのようにトラブルを生む考え方をしているのである。「他人の重荷を背負いこむ」のは、その人の自己顕示欲かもしれない。相手に自分の偉大さを示すためかもしれない。恩を売るためかもしれない。相手を縛るためかもしれない。先に弱さと言ったのは、このような心理である。

わざわざ他人の重荷を背負いこむ「隠された真の動機」にその人が気がついていないのである。わざわざ他人の重荷を背負いこむのはなぜか。その人が自分では気がついていない、その人自身の心に問題があるに違いない。

もしなんの問題もなく、愛情から「他人の重荷を背負いこむ」のなら、あとで「なんで私だけがこんなに苦労をしなければならないのか」と、いつも不満になることはないはずである。

やはり、シーベリーが言うように「自分が終始悩まされているからといって、他人を非難すること」は間違った考え方なのである。原因は、自分の心のなかの未解決な問題であるのだから。

そしてその人が「自分は運に見放されていると思っている」とすれば、これもまたおかしい。決して子供や知人、上司、同僚や後輩が悪いわけではない。その人が無理な努力を繰り返して、自分のまわりにわざわざ苦労を集めているのである。

背負いこむ必要のない他人の重荷を背負いこんだのは相手のためではなく、自分のためなのである。そのことに気がつかない限り、彼あるいは彼女は、一生無理な努力を重ねながら、周囲の人に不満を感じるであろう。人間関係は「かたち」ではなく「こころ」なのだと気がつくまでは、一生しなくてもいい苦労を自ら好んで重ねるであろう。そして「私は犠牲者だ」と嘆き、人を恨みながら苦労ばかりの人生を終わる。

なんと多くの人が、昔の部下に不満を持っていることであろう。また逆に、なんと多くの人がかつての上司に不満を持っているであろう。その人たちの話を聞いてみれば「私はこんなにあの人のためにしてあげた」と言う。しかしそこに「こころ」がなかった。部下の世話をこんなにした、上司にこんなに尽くした、「それなのに」と彼らは不満を言う。

しかしそのように不満を言う人のしていることは皆「かたち」なのである。そしてほとんどの人が自分のしたことはすべて「かたち」だけであったということに気がついていない。

会社でいうと、上司の引越しを手伝うことにはじまって、上司の不始末を自分が泥をかぶる、ひどいのになると上司の愛人関係を自分のことにして解決し、あげくの果てに奥さんから離婚された、という話までいくらでもある。

大学でいうと、かつての部下の不満は、上司の教授の授業を代行していた、論文をかわって書いてあげたなど、会社と同じようにいくらでもある。

部下は「それなのに自分を教授にするために努力をしてくれなかった」、上司のほうは「彼を教授にしてあげたのに、その後の彼は……」と、不満を述べる。

しかし、不満を感じている人が尽くしたり世話したりしていることは、皆「かたち」である。不満を持つ昔の上司や部下で、「あのときに彼は会社で、あるいは大学で不公平に扱われていた。それがつらかった」と、そのときの心痛を語る人はいない。「こころ」がないのである。だから相手はこちらからの恩恵がなくなれば離れていくし、こちらはひそかに期待していたものが返ってこなくて不満になる。

「俺は部下のためにこんなに尽くしたのに」という上司の不満は、ちょうど「私はこんなに子供のためにしてあげたのに」という母親の嘆きと同じである。

そのときに「こころ」があれば相手は離れていかない。あとで自分にもっと大きく何かを返してくれるだろう、というようなひそかな期待がなければ逆に相手は感謝したであろう。そうした下心がなければ相手は返してくれる。

☘自分の意思を相手に押しつけるから本当の理解が得られない

また、シーベリーの本にはつぎのような例も出ている。

ジャスパー・ジャストンという生真面目な男性である。製粉所の町で育ち、六つのときにはもう働かされていた男である。彼は息子のために骨身を惜しまず働いたにもかかわらず、その息子は非行に走った。彼は疲労と絶望の声を出してシーベリーに自分の人生を説明する。

彼は小さい頃からいっさいの遊びとは無縁であった。だから、ただ働きに働いて自分ができなかったことを、子供にさせてやろうとした。息子が三歳のときに乳母をつけてやった。その女性が息子の勉強もみた。やがて彼女はその家の家政婦になった。息子に教育もし、陸軍士官学校に送りこんだ。

ところが、その息子が酒を飲むようになり、ふしだらな女とつきあうようになり、手に負えなくなった。

ジャスパー・ジャストンは確かに息子に与えた。しかしそれはすべて「かたち」である。彼は「親しさのなかにある美しさ」を息子と共有することはなかった。「かたち」は与えたけれども「こころ」は与えなかった。

彼は「暇がなかった」と言う。彼は身を粉にして働いて家に帰ってきた。「使い古しの荷箱みたいに空っぽになって、家族に金を持ち帰ろう」としたのである。しかし、「その代わり家族から金以外のすべてを奪い取る」。

そのような態度を、利己主義の骨頂だとシーベリーは言う。彼の態度は、一見愛他主義に見える。しかし実は自分の意思を相手に押しつけるだけの、利己主義の骨頂だとシーベリーは言うのである。

ジャスパー・ジャストンは身を粉にして働いたからこそ息子が非行に走ったのである。彼は身を粉にして働く必要はなかった。身を粉にして働かないほうがよかった。乳母などつける必要もなかった。家庭教師などつける必要もなかった。

彼が身を粉にして働かないで遊んでいたら息子はまともに育ったであろう。身を粉にして働かないで家に帰ってきて、息子と炉端に仲よく座って、息子の話に耳を傾けていたら息子は非行に走らなかったであろう。

彼は身を粉にして働いて、ぼろぼろになって家に帰り、お金を稼いで息子に家庭教師をつけたからこそ、彼の人生はすべてうまくいかなかったのである。彼は無理して体を酷使し、進んで苦労を背負ったからこそ人生がうまくいかなかったのである。

もし彼が働いて疲労など感じることなく、楽しく遊んでいたら、彼は絶望することはなかった。彼が努力しながらも幸せになれなかったのは、心のなかにある自分の陥っている困難の原因をつきとめることを怠ったからである。

彼は自分が陥っている家庭の状況に苦しめられていると思っている。しかし彼を苦しめているのは、彼の心の弱さである。彼の心の弱さが、彼を苦しめる家庭状況をつくってしまっているのである。

彼が、自分が与えているものはすべて「かたち」であるということに気がついたら、彼は苦労をしないで息子も幸せになれたであろう。

「かたち」を与えて「こころ」を与えることをしない人は、自分のためになると思えることは他人のためにもなると思いこんでいる。自分がしたかったことは他人もしたいと思いこんでいる。だから相手に自分の意思を押しつけてしまう。

ジャスパー・ジャストンが「かたち」ではなく「こころ」を与えていたなら、息子は非行に走らなかったであろう。

彼は、息子に「自分がなってもらいたいような人間」になってもらうために、身を粉にして働いていたのである。身を粉にして働いていたのは、息子の幸せのためではなく、自分の自己顕示欲のためである。

ジャスパー・ジャストンは、家庭教師をつけるという「かたち」を与えた。しかし問題は「かたち」ではない。たとえば息子と一緒に自分も勉強してみたいなという気持ち、「こころ」があったら、家庭教師という「かたち」を与えなくてもよかったろうし、また家庭教師という「かたち」が生きてきたろう。

息子と話をするのが楽しい。息子と勉強するのが楽しい。息子と遊ぶのが楽しい。息子を見ていると元気が出てくる。このような「こころ」があったら、「かたち」にこだわらなかったであろう。そして「こころ」があったうえで「かたち」を与えていれば「かたち」が生きてきたであろう。

人にふりまわされない、自分自身の人生を生きる

アメリカの心理学雑誌『Psychology Today』に以前掲載された「Success in the land of the less」という論文がある。

それによると、これからの成功について再定義したほうがいいだろうということである。そしてその成功についての再定義に必要な八つのポイントについて述べられている。そのうちのひとつは"Self-promotion vs. self-trust and self-expression"である。

現代社会では、成功とはいかにわれわれが自分自身をうまく売るかということだと考えられがちである。そして自分自身を売りこむ過程で、しばしば自己尊敬を伴った自己受容に混乱をきたすという。

他者が自分を買ってくれないと、まるで自分は失敗者であるかのごとく感じる。そ

の結果、自分を売りこむ人は、心理的にも職業的にも失敗するという。

この論文の主張は、自分をプロモートするよりも、自己信頼のほうが大切であるという主張である。自己信頼と自己表現できる人が新しい意味での成功者であるという。他人に自分をよく印象づけようとするよりも、自分で自分を信頼することが新しい成功であり、また他人に自分をよく思ってもらおうと努力する結果は失敗する、というのがその主張である。

そしてこの論文はつぎのように質問している。

"Do you strive to appear more successful to others than you think you really are?"

実際の自分より、自分がすぐれていると思われようと努力すればどうなるか。いつも無理をしていなければならない。いつも気を張っていなければならない。そして何よりも、自分が本当に欲しいものは何かということがわからなくなってくる。

自分の人生の目的がわからなくなってくるから、いくら努力しても本当の満足が得られないのである。仕事がうまくいっても、何かもの足りない。成功しても何かもの足りない。本質的な満足がないのである。それだけにつぎの質問は大事である。

"Do you fear being disliked?"

嫌われることが怖いと、ずるく立ち回ることになる。そしてこの論文が言う自己信頼ができなくなる。

問題なのは、自分で自分が信頼できなくなり、同時に人が信頼できなくなるということである。努力しても努力してもやすらぎがない。仕事の成果をのどから手が出るほど求めながらも、現実に仕事の成果が出たときには何かもの足りない。成果を求めながらも、成果を手にしたときにはもの足りない。

要するに自分が求めるもの、人生の目的がその人にわかっていないのである。仕事の成果を求める人は、人からちやほやされることを求めている。そして仕事の成果が出る。人はちやほやしてくれる。しかし何かもの足りなくなる。そしてもっと大きな仕事の成果を求める。

しかし修羅場から逃げるタイプであるから、心の底で逃げたことの記憶はある。また、逃げる態度のままでより大きな成功を求めるから、いつも憔悴《しょうすい》しているのである。焦って焦ってどうにもならなくなっている。

その時点では、一応自分の欲しいものがわかっている。それは当面欲しいものである。しかし本質的なものではない。私的なことから得られるものを、公務から得ようとしているからである。求めている段階ではそれは目的である。しかし手に入ると、「違うな」ということがわかる。

当面の欲しいものとは、格好をつけた欲しいものなのである。当面の一応の目的だから、手に入ってもものの足りないのである。手に入らなければ、また大変な不満を感じるのである。

修羅場から逃げなければ、自分が本当に欲しいものが見えてくるのである。修羅場から逃げなければ、人生の本質的な目的も見えてくる。

そしてそれを手に入れれば、もの足りないということはもうなくなる。焦りの心理も消えてくる。これも無駄、あれも無駄という焦りの心理も消えてなくなる。

やすらぎと名誉は同時には得られない

修羅場から逃げていると自分が本質的に欲しいものがわからないから、あっちに手を出し、こっちに手を出す。そしてどれからも真の幸福が得られない。無駄を嫌いながらも、無駄な努力を続ける。

シーベリーは「何をすべきかわかっているとき、私達は気楽に生きている」と書いている。修羅場を避けると、自分が何を目的に生きているのかわからなくなる。修羅場を避ける人も、心の底では何をすべきかわかっている。しかしそのことから眼をそらしている。眼をそらさないで「何をすべきかわかっている」ことをすれば、それが修羅場である。そしてその修羅場をつき抜けて気楽に生きることができるようになる。

いずれにしろ、不安から名誉を求める人はどこまでいっても安心することができない。いつも追われている。いつも焦っている。名誉はやすらぎのうえに得てはじめて意味がある。やすらぎのうえに名誉を得てはじめて焦りなき満足が得られる。

名誉を得ても、焦りが消えないで「もっと、もっと」と求めるのが、強迫的な名誉の求め方である。自分の心を凍結して名誉を求めるからそうなるのである。

安心を求めて名誉を求めるのは、クラシック音楽を聴きに野球場に行くに等しい。心のやすらぎと名誉とは本質的に異なるものである。名誉はいわば公務である。

心のやすらぎはいわば私的生活の問題である。心のやすらぎは心と心のふれあいから生じる。

♣この"つらい場面"を逃げるか逃げないかで……

心を凍結して名誉を求める人はいつも何かに追われて生活するしかない。何に追われているかわからないが、とにかく心のなかはいつも何か怖いものに追われている。

そしてやすらぎを手に入れようとしても手に入れようとしても、どうしても手に入らない。必死で努力するのだが、なぜか手に入らない。いつもそこにあるようであるが、つかめない。手に入りそうで入らない。

名誉とか地位とかが手に入っても何かもの足りない。それは本質を間違えているからである。そして先の論文はまたつぎのような質問をしている。これも大切な質問である。

"Do you respect yourself?"

あなたは自分を尊敬できるか？　心の底をのぞきこみながら、こう自分に質問することである。すると今まで自分のしてきたことがわかる。自分がどんな態度でこの人生を生きてきたのかわかる。

どんなに成功しても、自分を尊敬できないという人はどういう人であろうか。社会的に成功しても、眼がキョロキョロしていて落ち着かないという人はどういう人であろうか。

それは修羅場から逃げてきた人である。どんな小さな仕事でもどんな大きな仕事でも、公的なことでも私的なことでも、その過程で修羅場というのがある。正念場といってもいい。もっともつらい場面である。誰にでもいい顔ができなくなる場面である。格好をつけていては、やりすごせない場面である。面と向かって相手に相手が望んでいないことを言わなければならない場面である。相手を喜ばすことで相手から気に入られようなどという態度が通用しない場面である。相手に何かを与えることで解決しない場面である。

この修羅場から逃げたら、どんなに成功しても心の落ち着きは得られない。修羅場から逃げたことを、意識のうえではどんなに否定しても、無意識のところにはきちんと刻みこまれている。心の底では「私は修羅場から逃げた」ということを知っている。

それがその人を心やすらかにさせないのである。修羅場から逃げて安眠しようとしても安眠はできない。修羅場から逃げながら不眠症を解決しようとしても解決できない。

5章

感情を出したほうが好かれる

――頑張っても、頑張ってもうまくいかない人は
ここに気づいていなかった

あなたは「自分」を好きでいられるか

シーベリーは「他人のためにやたらあくせく骨を折って、尽くしたうえに愛されなくなってしまう人がいるという謎に満ちた矛盾」に気がつくことがありませんか、と質問している。

シーベリーの本にクラレンス・ワトソンという人物が出てくる。

彼は妻の依頼に折れて、無理をして妻の弟を自分の事業に招いてやった。彼はそれをただの親切だと思った。また、妻の母親を同居させてやった。それも自然なことだと思った。母親というものは、なるべく子供のそばにいたいからである。

しかし心の底では無理がある。彼は自分の心の底を無視して、立派な人としてふるまう。おそらく彼は、妻をはじめとして周囲の人に感謝してもらいたかったのであろう。彼はそれを支えるべくあくせくと働く。しかし無理をしているから、家でいつも機嫌がいいわけではない。仕事でも消耗する。期待ほどの感謝が得られないと不満を感じる。

状況はしだいに悪化していく。彼の重荷は極限に達する。そして妻は、そうした状況に消耗し、機嫌の悪い夫に愛情を感じなくなっていく。彼が新しい責任を背負いこむたびに妻の愛情は失われていった。

彼は姑から憎まれたくなかった。義理の弟から憎まれたくなかった。妻からも憎まれたくなかった。彼の困窮の真の原因はなんであろうか。

彼は仕事と家庭の重圧と解釈している。しかし、真の原因は彼の心のなかにある。家のなかでは誰からも頼られ、好かれるべきであるという彼の義務感であり、皆から頼られたいという願望である。

彼は夫らしさをまっとうしようとする。それが彼の能力を越えているし、適性にもかなっていない。そして背負いこまなくてもいい他人の責任まで背負っていつもイライラしている。そのことが家庭の雰囲気をつくり、子供にも悪い影響を与えている。

立派に見せようと背負った荷物のために、やつれて魅力がなくなる人がいる。シーベリーは、犠牲は誰のためにもなんのためにもならないと述べている。犠牲を口にしつつ、犠牲を演じる人は不誠実な人である。自分を好きになれば、人から好きになってもらうために自己犠牲を演じない。自分を好きな人は、その人のために働くことを犠牲とは感じない。だからこそ、その人のために尽くしつつ、心の輝きを失わない。

♣なぜこんなに頑張っているのにうまくいかないのか

「私がこんなに努力しているのに、どうしていろんなことがうまくいかないのだ」という怒りを持っている人は多い。たとえば、親は「こんなにしてあげているのに子供は問題を起こす」などと怒る。あるいは子供に家庭教師をつけて「こんなにいい教育を与えているのに成績が上がらない」などなどである。

こんなに家庭のことを大切にしているのに、子供が非行に走る。家庭内暴力を起こす。成績が下がる。落ちこぼれる。いつも家で不満そうな顔をしている。そんなときに親は「自分はこんなにしてあげているのに」と怒る。「お前たちはいったい何が不満なのだ！」と親も不満になる。

以前、三人の子供が非行に走った親が「私は家庭を大切にしていた、家族旅行もよくしていた、それなのに」と嘆いた。確かに親からしてみれば、家庭を大切にしていたのであろう。

同じようなことは、あっちの家庭でもこっちの家庭でも起きている。普通の親が酒を飲んで遊んでいるのに、自分は遊びをしないで家族旅行をした。そのほかにも他の同僚と違っていつも家にはやく帰ってきた。それなのに子供はまともに育たない。

そうなれば「どうしてお前たちは」という気持ちになろう。「よその子はお前たちよりも条件が悪いのにあんなにまともに育っている、お前たちはどこか考え方がおかしい」と怒る気持ちもわかる。そして「私は子供を甘やかしすぎたのではないか」と反省する結果にもなる。

確かに普通の人よりも努力をし、普通の人よりもつらさに耐え、普通の人よりも真面目に生きながらも、なぜかいろいろなことが普通の人よりもうまくいかない人がいる。普通の人よりも家族を大切にし、普通の人よりも家族のために努力をし、それでいながら子供は間違いを起こす。

普通の人が普通に生活をし、子供も普通に育ち、普通に人間関係もうまくいっている。それなのに普通の人よりも努力し、普通の人よりも忍耐した人の人生が、なぜか挫折の連続となる。普通の人よりも子供に恵まれた環境を与えた。それなのにその子供が問題児となる。登校拒否をする、恋愛で問題を起こす、ひどい男に娘が捕まる、友達ができない、不良仲間に入る。「あれだけいい環境を与えたのに……」とむくわれない努力に親は悲鳴をあげる。

☘努力しなくてもむくわれる人はどこが違う?

私の知っているある女性は、自分は誰よりも真面目に生きてきたと主張する。誰よりも真面目に努力をしてきたと主張する。それなのに彼女の子供はつぎつぎと問題を起こした。

彼女は「私は何も悪いことをしていないのに、なぜ私の人生だけがこんなに不運なのだ」と嘆く。

しかしなんとかそれを乗りきって子供を結婚させた。ところがすぐに離婚をしてしまった。彼女は離婚して戻ってきた娘を抱えて再び「私は何も悪いことをしていないのに、なぜ私の人生だけがこんなに不運なのだ」と前にもまして嘆くことになる。

彼女は再び周囲の人に頭を下げて娘の就職を世話した。ところが就職したと思ったら、職場の人間関係がうまくいかず、娘はその職を辞めてしまった。

しかし家にいる娘は、親にすまないと思っているかと思うとそうではない。娘はそこまで親に迷惑をかけながらも、毎日が不満なのである。娘のことで思い余って、遂に彼女は自殺未遂まで起こす。

彼女の人生がなぜここまでトラブル続きなのであろうか。夫は夫で外で浮気が絶えないということもあった。子供と夫のことが重なって彼女は自殺しようとしたのである。夫も彼女には満足していなかった。要するに彼女は普通の人以上に生真面目に努力をし、普通の人以上に必死の努力をし、それで不幸の連続だったのである。

さらに彼女の子供は母親に不満なのである。彼女はそれだけ子供のために働きながら子供は「もっとしてもらえない」ことに不満を感じる。「なぜこれをしてくれないのだ」と母親に不満を感じる。それは夫についても同じである。それだけわがままにしていながらも奥さんに不満を感じるのである。

しかし、世の中には逆の人もいる。それほどつらい努力をしているわけでもないのに、女性として楽しい毎日を送っている人もいる。母親として必死に頑張っているようでもない。それでいて子供は皆まともに成長し、幸せな一家をつくっている。

　男性の場合でも同じである。父親は結構飲んだくれで外で遊び歩いていながら、娘は素敵な女性に成長している。そのうえ、その飲んだくれの父親を尊敬し、大切にしている。父親の誕生日には手づくりのプレゼントを忘れない。

　特別の教育を受けたわけではないが、娘は満足して生活をし、父親が歳をとったら自分が世話をするつもりでいたりする。

　もちろん父親の側についても同じことが言える。あまり稼ぎがないのに奥さんも子供も結構満足している。父親は燃え尽きるほど働いてはいない。適当に働いている。それでいて子供は全員まともに成長している。こんなケースも多い。

　いったいなぜこんなことが起きてしまうのであろうか。不公平と言えば、これほど不公平なことはないように思える。

　私のところに子供のことで悩んで相談に来る人は皆、前者である。生真面目で、努力家。親は一生懸命働き、高い授業料を払って子供を私立の学校に行かせている。それなのに子供が大学に行ったら無気力になってしまった。子供のために人生を捧げ、それでいながら家庭のなかは何ひとつうまくいかずに子供のことで悩み続けている。

大切なのは「何をしたか」ではなく「どうすごしたか」である

ひと口に言って、うまくいかないケースは子供との心のふれあいがないのである。「子供のためにこれだけのことをした」と言う親の言うことは、皆「かたち」である。「こころ」がない。

子供と家族旅行に行ったというのはあくまでも家族旅行という外側の経験である。その外側の経験に伴う内側の心のふれあいがない。皆でうちとけて楽しくキャッキャと騒いでいたのか、それとも恩きせがましい親を恐れてお行儀よくしていたのかという「こころ」のあり方の違いである。

子供のことで悩んで相談に来る親は皆、こんなことをしてあげた、あんなことをしてあげたという外側の経験を延々と述べる。高い授業料を払って塾に行かせてあげた、高いセーターを買ってあげた、高いおもちゃを買ってあげた、こんな高級なレストランにも連れていってあげた。すべて「かたち」である。

そのときに子供が「こんな表情でこんなことを言った、こんな笑顔をした、こんな顔をして嬉しがった、こんな格好をして走っていた」などという、外側の経験に対しての内側の「こころ」の説明はない。言うことはすべて、こんなに働いて、こんなにいい学校に行かせてあげたという、外側の「かたち」である。子供の側からすれば、こんないい学校に行ったという外側の経験である。

授業料の高い私立の学校に行かせたかもしれない。しかし、子供がどんなときに淋しがっていたかには関心がない。

子供のために人生を捧げながら子供のことで悩んでいる親は、子供が淋しいときにその子供の話を黙ってうなずいて聞いていたかどうかは記憶すらない。子供の背中を見て子供の淋しさを感じることなどいっさいない。口をついて出てくることはすべて経験の外側の「かたち」である。

「こころ」さえあれば、倒れるほど働いて高いセーターを買ってあげる必要はないのである。高級なレストランに連れていってあげる必要もないのである。

少ない給料のなかで「今月はこんなセーターが買える」と、皆で安物のセーターを買えることを楽しみにしていられればそのほうが子供には嬉しい。それが「こころ」である。そのセーターをとおして親と子供の心のふれあいがあればそれでいい。

高級なレストランに行かなくても子供はまともに育つ。「今日のエビはこんなに大きいよ」と、たとえ安いレストランでも、皆で楽しく食事をすることが「こころ」があるということである。「きっとこんなおもちゃをあの子は喜ぶだろうなあ」、そう思いながら安いおもちゃ屋を歩くことが「こころ」あるということである。

そういう「こころ」があれば、燃え尽きるまで働いて高級なおもちゃを買わなくても子供はまともに育つ。

子供のことで悩んで相談する親が言う「あの子は元気でした」という説明も同じである。「こころ」のない親は、子供の表面の華やかさだけを見ている。表面の華やかさと対照的な子供の背中の淋しさに気づいている親はいない。元気な「かたち」の説明で、その内に秘められた「こころ」の説明はない。

子供が登校拒否になったとき、子供が非行に走ったとき、子供が家庭内暴力を起こしたとき、「こんなにしてあげているのに」と親は理解に苦しむ。そんなときに、今まで自分のしてきたことはすべて「かたち」ではなかったのかという反省がない。そんなに与える必要はなかったのである。

☘「こころ」と「かたち」が理解できない人は燃え尽きる

「かたち」だけで「こころ」を無視する人の悲劇は何も親子関係だけではない。「かたち」だけの人は、「かたち」だけを与えることで人を自分のまわりにひきつけておこうとする。心のふれあいがないまま人と接する。

だから、人間関係をうまくしようと努力するわりには周囲に誠意のある人は集まらない。むしろ逆に誠意のない人が集まる。

彼らが倒れるまで働いて周囲の人に与えれば与えるほど、彼らはずるい人に囲まれる。その人から何か具体的な利益を得ようとする人達ばかりが集まる。「こころ」の理解できない人は必死になって周囲の人に何かを与えようと努力する。与えることで人から好意を得ようと努力する。

しかし、そのような結びつきは、環境が変わればすぐに消える結びつきである。金の切れ目が縁の切れ目という言葉がそれを現わしている。

私の知っているある有名人の話である。どうしても「こころ」と「かたち」ということが理解できない人であった。必死になって周囲の人にご馳走し、お土産を渡し、贈り物をし、困っている人にはお金を渡し、やたらにいろんなものを買ってあげた。収入はかなり多かったが、すべて周囲の人に使った。

その人は体を壊すまで働いた。そして周囲の人に尽くした。その結果、彼は燃え尽き、神経症にまでなってしまった。

そうなると、今まで周囲にいた人は誰も彼のことを見向きもしなくなった。周囲にいた人は質の悪い人間ばかりで、具体的な利益を得られなくなると、彼のそばにいる意味がないと考えたのである。

皆から見捨てられた彼は「俺はこんなに一生懸命皆のために働いたのに」と自分の人生を恨んだ。彼は確かに自分を犠牲にして必死で働き、周囲の人に与えた。

しかしそれはすべて「かたち」なのである。そこに「こころ」がなかった。彼の周囲にも、利己主義者ではなく心の温かい人間はいたのである。誠意のある人間はいたのである。しかし彼はそのような心の温かい人間を自分から切っていった。

実は彼は人々から愛されるためにそんなに働く必要はなかった。彼は人々から愛されるためにそんなに与える必要はなかった。

彼は頑張った。必死で頑張った。人々から好意を得ようと、倒れるまで働いた。彼は心の底では淋しかったのである。彼の背中を見ると、表面の華やかさとは正反対の淋しさが滲み出ていた。

そしてさらに気の毒なことに、周囲の人々は彼から恩恵をこうむればこうむるほど「もっと、もっと」大きな恩恵にあずかろうとするようになる。そしてなんと、彼からいろいろな恩恵をこうむりながらも、彼に対して不満を感じるのである。それは「私よりあの人のほうがもっと得している」と思えるからである。

♣こうすれば「楽しい人生」はもっと簡単に手に入る

彼は自分の人生を恨むが、彼は何もこのような悲惨な人生を送らなくてもよかったのである。「こころ」と「かたち」があるということを理解できれば、もっと人生を楽しめたのである。

彼が「こころ」を理解できれば、腐った肉にたかるハイエナのような人間は彼の周囲に集まらなかったに違いない。彼が「こころ」を理解できれば、与えなくても自分のことを好きになってくれる人がいることに気がつくことができたに違いない。

そうすれば、彼は体を壊してもなお働き続ける必要はなかったのである。燃え尽きるまで働く必要はなかったのである。そして楽しい人生を送りながら、皆に好かれて快適な生活を送れたはずである。

彼はなんの苦労もしなくても、何かあったら彼のことを心配し、彼を助けてくれる人に囲まれていたかもしれないのである。

自分の周囲にハイエナばかりを集めてしまうのは、彼の側にも責任がある。彼が「かたち」ばかりを人に与えたからである。周囲の人と「こころ」を共有しないで、「かたち」を与えて周囲の人の好意を買ったのである。だから燃え尽きるまで働いて、最後には皆に見捨てられたのである。「こころ」を与えていれば周囲にはハイエナは集まらない。ハイエナは具体的な利益を求めてうろうろしているのであるから。

この有名人ほどひどくはないが、これと本質的に同じことをしている人は世の中にはたくさんいる。苦労して人のために生きながら、最後まで幸せになれない人がいる。死ぬまで犠牲的役割しか果たせない人がいる。苦労するだけの人生である。夫で苦労する妻は子供で苦労する。「こころ」を共有できればそんな苦労はしなくてもいいのである。

私の見る限り、それらの人は皆無理をしている。実際の自分以上に自分を見てもらいたいという欲求が強すぎる。

そこで、自分が相手にしてあげられること以上のことを無理してもしてあげようとする。

人のために働いて苦労するだけで、最後は悲惨な結果に終わる人は、自分の能力以上のことを周囲の人にしてあげようとしている。それで体を壊すのである。

あるいは無理がたたって心理的に消耗してしまう。無理をするから心配ごとも多くなる。その結果ノイローゼになったりもする。

あなたが変われば、自然とまわりにいい人が集まってくる

燃え尽きる人は、自分は忙しすぎると考える。そしてそれは自分の責任ではなくて、「忙しい」ということが原因であると本人は考える。しかし、忙しい人が皆燃え尽きているわけではない。

私は若い頃にほとんど燃え尽きた時期があった。忙しくて講演を引き受けるだけで精一杯なのに、講演を依頼してきた人が講演前に「どうしても会って欲しい」というようなことを言う。それもかなり期日が迫ってから言う。「どうしても」と繰り返す。昔の私はここで押しきられて会っていた。

出版社でも「どうしても」と、ごり押しをする出版社がある。するとその強引さに負けて、大切な用事のほうをおろそかにしてしまう。しかしそのように無理に頼む出版社に限って、こちらの本が売れなくなったときに、もっとも冷たくなる。

出版社の強引な要求に負けるということを、時間で説明すれば、私的な重要事項をカットするということである。病気の母親の見舞いをしないとか、看病をしないでほったらかしにするとか、子供との約束の買い物に行かないとか、親友の結婚祝いをしないとか、結婚式そのものに出席しないとか、そういうことである。

しかし考えてみればどちらが大切であろうか？　強引な依頼をする出版社は、まずこちらを消耗品としてしか見ていない。強引な出版社であればあるほどこちらを消耗品と見ている。それはそれ以後のつきあいではっきりする。

☘なぜここまで他人に翻弄されてしまうのか

子供でも同じである。子供というのは親との約束を覚えている。「じゃあ今度ね」と言えばそれを覚えている。いわんや期日を決めた約束を破られることは、子供にとっては傷つくことなのである。

そのように子供を傷つけながらも、著者を消耗品としてしか見ていない強引な出版社の仕事を引き受ける人がいる。

かつて私は二十代の後半から三十代のはじめにかけて、連日のようにテレビに出演していた時期があった。しかし、そのように強引に私を出演させるテレビは、結局私を消耗品としてしか見ていないのである。

私は、今でも自分の友人に申し訳ないことをしたと思っていることがある。それは私が若い頃である。私は小心であった。強引な依頼に押しきられていた時代である。出席の通知を出し、スピーチを引き受けながらも、ある出版社の強引な依頼に負けて、結婚式に欠席した。

孤独な人は「先生でなければ駄目なのです」などというおだての言葉に弱い。燃え尽き人間は言葉にも弱いし、演技にも弱い。そこでそのような表面を取りつくろった尊敬をこめた依頼に負ける。

そして一日二十四時間のなかで削る時間といえば、先にも言ったとおり重要な私的事項である。子供との約束を破ることばかりではない、落胆している親友に励ましの手紙を書く時間や、世話になった人への挨拶を削るとかいうことである。結果、私自身よく過労で倒れた。

そして結局、自分の周囲から心ある人、誠意ある人を退けていく結果になる。そして気がついてみれば相手の人格を認めない利己主義者達だけを周囲に集めてしまう。だからこそ、その人が燃え尽きれば、それで「はい、さようなら」なのである。

♣「欲しい言葉」ばかりを求めているとうわべだけの言葉にだまされてしまう

仕事で燃え尽きる人は、自分の周囲に集まる人のなかで、自分にとって誰が大切な人かがわからないのである。誰が誠意のある人で、誰が心の冷たい人であるかがわからない。

私がまだ気が弱くて自分の意見をはっきりと述べられず、人に押し流されてしまっていた頃の話である。

ある銀行である。あまりしゃくにさわるから銀行名をここに書きたいくらいである。私の持っている他の銀行の通帳を私の手から強引に取りあげてしまった。そしてその通帳を見て、部下を呼び、すぐにこれをおろしてくるように命じた。その部下は近くにあるその銀行から私の貯金をすべておろしてきてしまった。

あれは今から考えると、銀行員の銀行内における白昼の強盗である。もちろん、それを他行からその銀行に移すだけであるから、私自身のお金が減ったわけではない。しかし、私がお金を借りようとしたときにもっとも相手にしてくれなかったのが、その「白昼の強盗」銀行員である。

強引に仕事を頼む人には、きっぱりと断わることが大切である。

気の弱い私は、このようなときにたいてい押しきられて無理やり時間の都合をつけて会っていた。それだけに燃え尽き人間の気持ちがよくわかる。気が弱くて、嫌われるのが怖くて、ついつい自分にもっとも不利なことをしてしまう。その結果ぼろぼろになり、消耗して燃え尽きて捨てられる。

気が弱い人は嫌われることを恐れて、軽く扱われることを選んでいるのである。どんなに相手の要求に応えても決して好意を得ることはない。もちろん尊敬など決して得られない。

淋しくない人はおだてに乗らない。それはその「尊敬」というのが、「こころ」のないものとわかっているからである。淋しくない人はおだてのなかにある不誠意が見える。淋しくない人は、その場限りのおだてなど得てもひとつも嬉しくない。しかし淋しい人はその場のおだてが嬉しい。淋しい人は言葉にだまされるのである。

有名な作家などでも、売れているときには周囲にたくさん人が集まる。いい場所に事務所を構えて羽振りもいい。しかし、売れなくなると潮がひくように人が去っていく。高級な事務所を閉鎖する頃には周囲に人はいない。その作家は嘆く。なんて人は冷たいのだろうと。

しかし見ていると、冷たい人がその有名作家の周囲に蜜を求めて集まったのである。その作家も蜜を与えることで周囲に人を集めた。つまり、その作家の姿勢が問題でもあったのである。

♣あなたのこんな態度が、本当に理解してくれる人を遠ざけている

その有名作家は、心の底では自己蔑視に苦しんでいた。そして、人が本当に自分を好きになってくれるということを理解できない。だから人に利益を与えることで好意を得ようとした。もちろん利益といっても広い意味での利益であるが。

その結果、利益を求める人だけが周囲に集まり、誠意のある人は去っていった。その作家も無理して人に利益など与えることはなかったのである。

何もしないほうがよかった。利益を与えたからこそ、孤独で不幸な晩年を迎えなければならなくなったのである。

確かに燃え尽きタイプの人は努力する。頑張る。人にいろいろと尽くす。しかしものごとはうまく回転していかない。

それはその努力のしかたが間違っていたからである。努力の動機が間違っていた。彼を消耗させた努力はしなかったほうがよかった。彼は頑張らないほうが幸福になれた。

燃え尽きタイプの人は、努力をやめて自分の心の底を見つめることである。つらい努力よりもそのほうがよっぽど大切である。そして自己蔑視と正面から向き合う。そうすれば、ものごとは今までのように頑張らなくてもうまくいく。つらい努力をしなくても幸運がその人を助ける。

厳しいことを言えば、つらい努力に努力を重ねながらも、なぜかまずくまずくいってしまったのは、日々の生き方が間違っていたのである。日々の心がけである。

日々の生き方として人の評価ばかりを気にしていたとか、人に迎合することで歓心を得ようとしていたとか、そのような日々の生き方が大きな仕事での結果を左右している。人間関係においても、どうしてもずるい人を周囲に集めてしまう。

ものごとがうまくいくかいかないかは、日々の生活の態度が問題である。日々の生活で人の悪口ばかりを言っていて、肝心な仕事がうまくいくなどと望んでも無理である。つらい努力をして頑張りながらもなぜか運に見離されつづけているのは、日々の生活の垢が出てしまったのである。

♣何があなたにそこまで無理をさせているのか

困難に耐える力、困難と戦う力は心理的成長のひとつの特徴である。それは生きるエネルギーであり、たくましさである。神経症的野心を持った人、はずかしがりやの人などが困難に耐える力を持っているわけではない。案外困難にはもろい。

成績優秀な子供が必ずしもたくましいわけではない。よい子は努力するが、その子を動かしているのは不安である。

不安がなくなれば努力しなくなる。気力と思われていたのは不安の仮面にしかすぎない。本当のたくましさがない。本当のたくましさとは逆境にへこたれない心である。

逆境にあっても否定的な考え方にとらわれないことである。

たくましさのない人は、不安から努力し、頑張って消耗すれば燃え尽きるしかない。あとに残るのは情緒的未成熟、わがまま、恨み、自己中心性、忍耐力のなさ、無気力である。

よい子に見えたときも、実態は同じだったのである。忍耐力は普通の子供ほどなかったし、気力も普通の子供ほどなかった。しかし普通の子供より不安だった。だから普通の子供より頑張った。ただそれだけのことである。普通の子供より特別立派であったわけではない。心の底には恨みを宿していた。

自分の内面のわがまま、自己中心性、忍耐力のなさ、怨恨《えんこん》、不安などに正面から向き合うことが修羅場である。それを逃げて努力しているのがよい子である。だからどんなに努力しても人生は開けてこないのである。

彼らは一つひとつのことに結末をつけていない。一つひとつのことにけじめをつけていない。親とのことも、友達とのことも、恋愛も、仕事も、自分がかかわったことに一つひとつけじめをつけて生きてこなかった。

そのまま放っておけば、その日その日はすぎていくようなものをそのまま放っておいた。

たとえば恋愛をして、失恋をして、また恋愛をする。それはそれでいい。しかし前の恋愛にけじめをつけないままつぎの恋愛に入っていった。そして、自分がほおかむりしてしまえばすんでしまうものはそのままほおかむりして何もしなかった。

仕事でも同じである。放っておいてもそのときにはすぎてしまうものは放っておいた。あやまることがあってもあやまらないですませてしまった。つぎの仕事に移るのにけじめをつけていない。同じように心の問題にしてもすべていい加減にすませてきた。そのときそのときにもっとも心理的に楽な方法を選んで生きてきてしまったのである。

彼らの人生がしだいしだいに行きづまってくるのは、そのツケがたまってきたのである。お金を払わないで飲食をしすぎた。そのときにはお金を払わないでも食べられる、そこが問題であったのである。人生は最後にはツケを払わなければならない。

彼らが努力していても、内面のアパシー（無気力）は変わりない。その内面のアパシーと不安と、どちらが強くその人を動かしていたかということである。親を喜ばすことばかり考えて頑張って努力したが、もともとその子はアパシーであった。

真面目で仕事熱心の適応過剰な病前性格は自然の気力ではなく、不安のしからしめた性格であり、その本質はアパシーである。それだけに本人はつらい。いつも自分に鞭打って仕事や勉強をしているのである。

もともと気力があったり、興味があったりして真面目に仕事や勉強をしているのなら、つらいことはない。しかし自然の気力も、興味も何もない。あるのは無気力だけである。それにもかかわらず人一倍仕事や勉強をする。

本人にとって、内面の不安は鞭である。肉体的な鞭が肉体にとってつらく苦しいように、不安という心の鞭はやはり心にとってつらく苦しいものである。肉体的に歩けなくなった人を鞭打って歩かせる。それと同じに心理的に何もできなくなった人を、不安という鞭がひっぱたいて仕事や勉強をさせているのである。

大学の運動部などで、新入部員をしごきで殺してしまうということがある。アパシーとは、それと同じである。殺されればそれ以上鞭打ってもその人はもう動かない。それと同じで、不安という鞭がその人をひっぱたいて仕事や勉強に駆り立ててきた。しかし限界にきて、もはや不安という鞭も効かなくなった。それがアパシーという挫折現象であろう。

内づらと外づらの心理

もともと気力も、思いやりも、やさしさも、頑張りも何もなかったのである。気力に見えたものも、やさしさに見えたものも、思いやりに見えたものも、そのような仮面をつけた不安であった。

だからこそ病前性格という適応過剰に見えた人が、あるときから社会的にきわめて自己中心的としか考えられない言動をとるようになる。社会的に良好な適応をしていると見えた人の内面にあるのは神経症的要求であり、無気力だったのである。現象としては良好な適応であるが、本質は神経症であった。

せいぜいその人の内面にあるのはフロイトがイドと呼んだ衝動ぐらいである。社会的に良好な適応をしていると見えたが、その人にはもともと人間性とか、社会性とか、自主性とか、愛情とかそのようなものは育っていたわけではなく、性と暴力の衝動ぐらいがあっただけなのである。

不安がその人に鞭の役割を果たさなくなれば、その人を動かすものはないか、あるとすれば衝動だけである。社会的に良好な適応をしていた人が、あるときからきわめて衝動的な行動しかしなくなるという挫折は、考えてみればうなずけるのではなかろうか。

神経症者は内づらと外づらが違う。神経症者は神経症的要求を内づらとして現わす。だから家の人とか、結婚すると奥さんとかにはひどく自己中心的でわがままなのである。そして外の人には自己消滅したところの過剰適応の面を現わす。

神経症者には神経症的要求と、人に気に入られるために自分を犠牲にする自己消滅の面しかない。心のなかに神経症的要求を持ちつつ、不安から自己消滅した八方美人となるか、あるいは不安がとれて神経症的要求を現わすわがままな人間になるかである。

内づらが悪く、外づらがいいというのは神経症的な人の特徴である。そして内づらとは必ずしも家のなかを意味しない。よい子にとっては家が「外」である。内づらというときの「内」の意味は不安がないということである。外づらは不安な場所という意味である。

したがって外でわがまま、内でよい子という現象も出てくる。しかし、いずれにしても真の人間性は育っていない。人間性とは神経症的要求でもなければ、内面の必要を犠牲にした過剰なる適応でもない。能動性、積極性、愛情、自主性等である。

自分の内面を犠牲にすることなく成長することのできた人は、自然に能動性、社会性、積極性、自主性が備わるものである。そしてそれがいわゆる人間性と言われているものの内容である。

♣自分から明るい人を求めていきなさい

情緒的に成熟した人々に囲まれて成長できるという、幸運な星のもとに生まれた人が大人になったときには、思いやり、温かさ、精神的強さを備えている。経済的には苦しくても、情緒的に成熟した両親を持った人は、人間性を備える点では恵まれている。


そしてそのような人間性が備わった人には、神経症的要求も自己消滅した適応もない。神経症的要求と自己消滅した過剰適応という現象的分裂はない。内面的に統合されているし、現象的にも内と外でまったく矛盾した言動をするということはない。

神経症者とは、情緒的に未成熟な人に囲まれて成長したため、人間性を獲得することに失敗した人である。

したがって、冷たく無気力で、生きることに対する興味も失っている。どのような名門の家に生まれても両親が情緒的に未成熟なら、残念ながら人間性の獲得は無理である。家から離れ、愛情豊かな人と暮らすことでしか人間性は獲得できないのではなかろうか。

そこで、今までのツケを払うしかない。一つひとつのことをきちんとけじめをつけて生きていくという習慣を身につけるのである。今までのように、お礼を言うべき人にお礼を言わない、喧嘩をすべき人と喧嘩をしない、ずるずるとその場その場でもっとも生きやすいように生きていく生き方をやめることである。

一つひとつに後始末をつける。それが弱い人にはできない。一つひとつに後始末をつけることはいやなことでもきちんとするということである。人が喜びそうなことばかりして、皆にいい顔をすることではない。

相手に「ノー」と言える自分になる！

これまで何度も修羅場から逃げるという言葉を使ってきたが、修羅場から逃げることは責任をとる場面から逃げるということである。

親としての責任、上司としての責任、子供としての責任、部下としての責任、夫としての責任、妻としての責任、恋人としての責任、いろいろな責任がある。その責任をとる場面から逃げるということである。

ある大物の政治家である。彼には結婚以外のところでできた娘がいた。その大物の政治家がその娘の結婚披露宴に出席した。私の友人もその結婚披露宴に招待されていた。その友人が帰ってきて、「堂々と父親の席に座っているんだよ」と驚いて話してくれた。心中堂々としていたかどうかはべつにして、私は「彼は逃げていない」と思った。

その席は普通の人ならまさに針のむしろである。しかし、もし娘が出席して欲しいと言うなら父親として逃げてはいけない場所である。

もちろんその大物の政治家が普通の人と同じ感覚を持っていたかどうかはべつである。普通の人なら居づらい場所である。

普通の人がこの場所から逃げたら、やはり人目を気にするおびえた人間になるであろう。このような場所から逃げたら、絶えず他人が自分をどう見ているかを気にする人間になるであろう。このような場所から逃げたら、人の好意をあてにして行動する頼りない人間になるであろう。絶えずイエスしか言えない人間になるであろう。

もちろんここでイエスしか言えない人間というのはノーと言いたくてイエスと言っているという意味である。その人はいつも不満である。だから絶えず人の悪口を言う人間になる。

心からのやすらぎを手に入れたいあなたへ

あるとき、タクシーに乗っていたらラジオにこんな女性が出ていた。有名な女性である。彼女は未婚の母親になった。そこで日本よりアメリカで育てるほうが環境がいいだろうとニューヨークに行った。彼女はどんな苦労でもするつもりであった。しかし、刀折れ矢尽きて日本に帰ってきた。そして仕事を探しているときに、一度だけ「彼に連絡したい」と思ったという。

彼のほうは彼女が頑張っているので表に出てこない。彼女がつらい思いをしながら頑張ってくれていれば、自分にとっては都合がいい。彼女が父親の名前は言えませんと言っていてくれるから、彼はほおかむりができる。

彼女はつらい思いをするが、彼のほうは自分の世間体を保てる。彼自身は幸せな家庭生活を送っている。その生活は壊したくない。彼女と連絡をとればそれぞれの場所で、やがては修羅場がはじまる。

私はその後どうなったか知らないが、もし彼女が連絡をして彼が表面に出てこなければ、彼はいつも人の顔色を気にするおびえた人間になるであろう。

修羅場を避けて、妻には内緒で仕送りをしたとしても幸せにはなれない。夜にぐっすりと眠れる人間にはなれない。一生懸命働いて仕送りしたとしてもおびえはとれない。もちろんそのラジオの主人公の場合は仕送りもしていなかったようである。責任をとる場面から逃げて、どんなに真面目に努力してもおびえはなくならない。いつも人が怖い。いつもおどおどした態度をしている。

ある六十歳をすぎた男性である。四十歳前後で二度目の結婚をした。先妻には子供がいた。しかし離婚の原因になった女性は、その先妻の子供のことを受け入れていなかった。その新しい奥さんは芸者さんで、心のやさしい人であった。だから受け入れなかったというよりも、彼がひとりで勝手に恐れて自分の子供とも会おうとせず、お金も送ろうとはしなかったのだ。

しかしそれにもかかわらず、彼は「幸せな」二度目の結婚生活をしていた。すべては、浮気者の彼にとっては都合がよかった。しかし彼はいつも眼がキョロキョロしていて、話しているとこちらが落ち着かなくなる。何かを言っていても、私がちょっと違ったことを言うと、まさに「その瞬間」パッと意見を変えた。まさに私が私の言葉を言ったか言わないかわからないうちである。ちょっと極端な言い方をすると、こちらが何か言おうとすると、それを察知して私の意見に合わせた。

もし彼が二度目の奥さんとしっかりと正面から話し、子供にはどんなことがあっても養育費を送りたいと言い、それを実行していたら、彼は対人恐怖症みたいにならなくてすんだのである。彼は修羅場を避けていた。子供に対して養育費を送る、送らない以上にそのような話し合いの場所をつくるという修羅場を避けたことが、彼の対人恐怖症の原因なのである。

その後、彼は仕事がうまくいってお金ができたが、奥さんが怖くて送れなかった。六十歳をすぎても、人の顔色を気にして眼がキョロキョロしている。それは不幸な一生である。修羅場を避けたあとでの真面目、勤勉、努力、善良、仕事熱心は幸せにとってなんの意味もない。

修羅場《こ》《こ》が成長できるかできないかの分かれ目

シーベリーは「トラブルは運命の強壮剤である」と言っている。トラブルは心を目覚めさせる。彼は「他の方法で、人生に対する理解力や洞察力を得られたか」と質問している。トラブルは私たちの性質にある卑しさを焼き払ってくれるという。このトラブルという言葉を修羅場という言葉に変えてみればよくわかる。

先の例の男性のように、自分の今の平穏な生活を守るために、前の妻との間の子供に会うことを避けていたら、そのシーベリーの言う卑しい性質は焼き払われない。

自分の今の生活の安全を危険にさらしても父親としての責任をとろうとすれば、もちろん修羅場は避けられない。しかしそこで、彼の卑しい性質がいやがおうでも焼き払われる。修羅場というのはそういうところである。もし彼が今の奥さんとじっくり話をしたり、前の子供を守ろうとしたりすれば卑しい性質ではできない。

「そして、トラブルは人格的成長の妨げになっていた力を取り除いてくれる」。これもまたシーベリーの言葉である。修羅場を経てはじめて人は成長できる。そこで人格的成長の妨げになっていた力が取り除かれるのである。

彼にもう一度成長の機会がきた。先の妻との間の子供が自殺をしたのである。

しかし彼はここでも逃げた。まわりがうまくやってくれるだろうという甘えである。ずるさである。このときこそ、彼の卑しい性質を焼き払って人格的成長の妨げになっていた力を取り除くチャンスだったのである。

しかし彼は言い訳をした。自分は仕事で忙しいという言い訳である。こんな言い訳をしても、それは言い訳であるということをその人の心は知っている。卑怯な言動は、その人が意識するかどうかはべつにして、皆心に刻まれる。

彼はその後、また会社で勤勉に働いたが、いつも眼がキョロキョロしていた。彼がどんなに会社で勤勉に働いても、彼の心は彼がまた逃げたことを知っている。だからいつも自信がないのである。

今こそ愛される自分、好かれる自分に変わるとき

ピーターパン人間がどのような家庭から生まれるかということについて、『ピーター・パン・シンドローム』の著者ダン・カイリーはつぎのように述べている。

"They usually don't experience gross disharmony."

大喧嘩はしない。どたばたはない。正面からぶつからない。自分が本当に思っていることを正面からぶつけ合わない。それをすると離婚になってしまうかもしれないから、お互いに怖いのである。しかしお互いの心のなかには言いたいことは山ほどある。隠している重大な感情も心のなかにはたくさんある。

離婚覚悟でぶつかるのが修羅場である。ピーターパン家族は修羅場を避けている。だから大きな衝突はない。表面は理想の家庭と他人には映りかねない。しかし心の交流もない。お互いに用心深く相手に自分の実際の感情を隠して、そのうえでうまくや

っている。だから、つねになんとはなしの不愉快な緊張感がある。

外から見ればどうということのない夫婦である。しかし心を隠し合いながらの近い関係である。どうしてもよそよそしい。何かおかしい。近いのだけれど近くない。むしろ遠い外の人に対してのほうが自分を出せる。近い人には自分を出せない。それは近い人の関係の崩壊のほうが恐ろしいからである。そこでつぎのようになる。

"Their problem centers on a failure to communicate."

問題は経済的に大変だとか、隣の御主人が出世して悔しいと家で荒れているとかいうのではない。奥さんが不倫をして家中が大騒動になっているというのではない。御主人が酒を飲んでばかりいて仕事をきちんとしないというのではない。休日にはパチンコばかりで家族団らんの時間を持たないとかいうことではない。

なんだかわからないのだけど、心が通い合っていない他人行儀な夫婦ということである。夫婦が一緒にいても楽しくない。実はこのほうが経済的困難よりも本質的には重大な問題である。家は団らんの場になっていない。

♣思ってもいない幸せなふり、楽しいふりは今すぐやめること

『ピーター・パン・シンドローム』の著者は、“parental unhappiness”（両親の不和）がピーターパンの原因と述べている。要するに楽しくない家庭ということである。「貧しいながらも楽しいわが家」にはピーターパンは生まれない。楽しくないのに楽しそうにする家庭に生まれる。

“They pretend to be happy.”

彼らは幸福ではないが、幸福な夫婦を演じる。楽しくはないのに楽しい夫婦を演じる。重苦しく不愉快な感じで幸福な夫婦を演じる。喜劇でもあり、悲劇でもある。

ピーターパンが育つ家庭は嘘で固められている家庭である。本人たちもどうしてこうなってしまったのか理解できない。どうもがいても、なぜか事態は悪いほうに悪いほうにといってしまう。泥沼に入って抜け出そうともがけばもがくほど、ぶすぶすと深みにはまるようなものである。

そしてこのように冷たい偽善に満ちた「幸福な家庭」の悪影響は子供の心に現われる。それがピーターパンである。この夫婦も一生懸命にやっている。お互いに必死な

のである。お互いに真面目にやっている。努力もしている。それなのに事態は悪いほうにしか動かない。

これまた修羅場を避けたうえでの真面目、勤勉、正直なのである。嘘のうえにたった正直といったら妙な表現かもしれないが、実際そうなのである。無責任さのうえにたった責任感なのである。本人はいちばん底にあるものに気がついていないから、「私は正直で、真面目で、責任感が強い」と思っている。すると事態が悪くいったときには「それなのになぜ……」と不満になる。そう思ってもふしぎではない。

♣〝ピーターパン家庭〟から抜け出すには

また、ピーターパン家庭にあっては「子供のために自分の人生を犠牲にする」が、母親の口グセだという。

もちろん本当は逆である。自己喪失した母親がいる。その自分を救うために子供を犠牲にするというのが本当の姿である。しかし口では、あなたさえ幸せになってくれればいいと言う。

"I never really wanted anything for myself except your happiness."

ピーターパンの母親は「あなたが幸せなら、お母さんはどうなってもいい」と言う。あなたの幸せ以外のものを望まないと言う。始末が悪いのは、本人は自分が嘘をついているということに気がついていないことである。

母親は自己喪失をそのような言葉でごまかしているのである。「私は自分を見失った」と認めれば事態は好転する。なぜなら「あなたが幸せなら、お母さんはどうなってもいい」というような嘘を言わなくなるからである。真実は、自分を見失った母親が子供にしがみついているということである。

「私は子供を犠牲にして自分を取り戻そうと必死になっている」と認めれば、事態は好転する。

「何かがおかしい」というときには、自分の嘘に気がついていないことが多い。

そしてそんなときには、人生の重荷を背負いこみすぎている。背負いこむ必要のない重荷を背負いこんでうなっている。頑張る必要のないことで頑張っている。

人生の問題は、頑張れば解決できるというものではない。原因をつきとめなければいつになっても頑張りすぎる。

"Something was wrong with his parents' marriage."

ピーターパンを生み出す結婚生活は何かがおかしい。夫婦ともども「この結婚生活は何かがおかしい」と思っている。

お互いに善人である。よき市民である。そしてお互いに結婚生活を大切に思っている。それなのに夫は妻以外の人といたほうが気が楽である。妻は夫以外の人といたほうが楽しい。

お互いにこの結婚生活は何かがおかしいと漠然と思っている。そう思いながらも、それが何であるかはわからない。なぜわからないのか？　それは嘘をついているからである。

♣「逃げない勇気」があなたをひとまわり成長させる

第二次世界大戦中の日本について、よく精神主義ということが言われる。アメリカが原子爆弾を持っているのに日本は竹槍で戦うことである。勝つ気になれば勝てるというのである。そんな馬鹿なことはない。

しかし現実の日常生活で私たちはこのような精神主義を平気で実行している。自分の嘘に気がつけば結婚生活の成功は向こうからやってくる。修羅場を避けなければ結婚生活の成功は向こうからやってくる。何も離婚しないというのではない。自分と相手が現在の状態を続けたほうがいいのか、続けないほうがいいのかがわかるということまで含めての成功である。

「多くの窮状は打ち負かすことによってではなく、私たちがより大きく成長することによって乗り越えられるのです」とシーベリーは言っている。つまり現在の地獄のような状態も、心理的に成長すれば自然と解決しているのである。それなのに、心理的成長を拒否して単に頑張ることで解決しようとするからおかしくなる。

結婚生活の修羅場から会社に逃げる人が仕事中毒になる。結婚生活の修羅場から逃げて、どんなに仕事で頑張ってもつらさは解消しない。いや、人生はどんどんつらくなっていくだけである。「こんなに自分は頑張っているのに」と思いつつ、重苦しく不愉快な人生をどうすることもできない。

しかし心理的に成長して心がふれあうようになれば、そんな問題は一挙に解決してしまう。あるいは離婚して新しい生活がはじまれば、一挙に解決してしまう。

私たちは勤勉、努力、善良、真面目、頑張るなどのことに価値を置きすぎる。「逃げない勇気」がなければ、そんなものは、ときに百害あって一利なしということさえある。「逃げない勇気」があってこそ勤勉、努力、善良、真面目、頑張るなどのことは生きてくる。

自分の弱さを受け入れることは、新しい自分への第一歩を踏みだすこと

「自分の弱さを受け入れれば、失敗は少なくなるはずです。完全であろうとあがくとかえって失敗します」とシーベリーは言っている。

失敗を恐れるのは、失敗したらどうしようと思うからである。失敗を成功のもととして、失敗してもそこから何かを学ぼうとする人は失敗を恐れない。災いを転じて福となすことが生きるエネルギーなのである。それがたくましさである。

また、シーベリーは、「心配するのに大きく分けて三種類の人がいる」と言っている。第一は、自分のトラブルを解決する道はないかもしれないと感じつつ、激しく揺れ動き運命を呪うタイプ。第二は、ただ祈るのみ、神が答えを出してくれるのを待つ

タイプ。第三は、指針を求め、喜んで努力するタイプ。最後のタイプは失敗を恐れない。

失敗したら生きていかれないように感じるから失敗を恐れるのである。どうなっても生きていける自信のある人は失敗を恐れない。

逆境は、ある意味では飛躍のチャンスなのである。実は絶望しているときこそ、べつの視点から見れば、一段の飛躍のときなのである。

♣こう考えれば、明日を迎えることがずっと楽しくなる

相手が喜ぶようなことを言う。そのときはいい。その一時は心理的に安定する。しかしそれがやがて二人を破滅に向かわせるということがある。いわゆる「よい子」は親の喜ぶようなことを言う。親の喜ぶようなことをする。

しかし、これは実は長期的に見れば親にとっても子供にとってもよくない。その破滅がたとえば家庭内暴力である。反抗期がない。それは親にとって喜ばしいことである。しかしこれは、子供が親に嘘をついているということである。

そのとき、その場の問題を解決するために、もっとも安易な方法が迎合である。しかし実は迎合は、問題を解決しないばかりではなく、問題を深刻化させるだけである。親と子供が正面から向き合い、ぶつかり合うことは双方にとってつらいことである。エネルギーのいることである。だから人々は問題解決の方法として迎合に頼る。迎合という「逃げ」がもっとも安易なその場の解決方法だからである。迎合ばかりではなく、自閉もそうである。逃げることがもっとも安易な問題解決の方法である。

家庭内暴力を起こされるような親は、もっとも安易な子供の愛し方をしていたのである。子供を愛するということは時間がかかるであろう。エネルギーもいるであろう。延々と話し合うこともあるだろう。子供のいやがることを力で教えなければならないこともあるだろう。

もっとも安易なのは、自分が子供を気に入ったときに、「よい子だな」と言って頭をなでていることである。自分の劣等感をいやすようなことを子供が言ったときに、「よい子だな」と言って頭をなでていることが、もっとも安易な愛する方法である。

子供にとっても、親の気に入りそうなことを言って親に気に入られているのが、もっとも安易な親孝行である。双方とももっとも安易な方法をとっていたから、その関係は破滅したのである。

恋愛でも同じである。

お互いに相手を喜ばせるようなことを言っているときがある。恋人に都合のいいことを言う女性がいる。まず信用できない。そのような女性は男性を駄目にする。彼女は彼に嘘をつくことで、彼も自分自身も駄目にしているのである。

男性でも女性でも恋人を失いたくないと思えば、相手の喜ぶようなことを言う。相手の喜ぶようなことをする。それでその場の恋愛関係は続くかもしれないが、最後にはやはり破滅するであろう。

生きるとは明日を迎えることである。今日つらくても、それに耐えてよりよい明日を迎える努力をすることが生きることなのである。

あとがき

生きることがつらい人は「人の強さ」「理想的な生き方」という意味を勘違いしている。

自分の弱点を出せるということが「内面的強さ」を表わしていることなのである。弱点のないことが強い人ではなくて、弱点が出てもその場で心理的に混乱しないということが強い人なのである。

生きることがつらい人は弱点がないことを理想の人として考えている。だから生きることがつらくなってしまう。

生きることがつらい人は尊敬されたくて必死の努力をしているのであるが、どうなったら尊敬されるかということがわかっていない。だから努力が実らないのである。

生きることがつらい人の願う「理想の人」を彼らが演じても、普通の人はその人を理想の人とは思わない。弱点を隠して理想の人を演じても人は親しみを感じない。

そうではなく自分の弱点が出ても、心の動揺がない人を見て「強いなー」とか「素敵な人だなー」とか思うのである。

生きることがつらい人の願う「理想の人」は心のない人である。心のふれあいのない人である。生きることがつらい人の願う「理想の人」はどこを切ってもその人らしさがない。その人固有のものがない。

その点を勘違いしているから、必死で生きながらも実りのない人生になってしまう。だから「つらい、つらい」だけで人生が終わってしまう。

生きることがつらい人の願う「理想の人」には心がないから、その人の周りに集まる人も皆心のない人である。心の酸欠状態である。酸欠状態だから何かわからないけど「苦しい、苦しい」状態が続く。

しかしそこまで酸欠で心が苦しくなっていてもまだ「理想の人」には心がないということがわからない。だから、自分の周囲にいる人にも心がないということがわからない。自分が自分とふれあっていないし、他人ともふれあっていない。

多少オーバーに言えば生きることがつらい人の願う「理想の人」とは人間としてき

わめて不自然な人間である。心理的に健康な人であれば、誰でも「できればつきあいたくない人」である。

弱点が出てしまってもそのことで、その人とつきあいたくないと普通の人は思わない。

逆に言えば他人の弱点を、そのようにやさしさのない眼で見ているからこそ、自分の弱点を隠そうとしてエネルギーを使って消耗してしまうのである。

ではなぜ他人の弱点をそのようにやさしさのない眼で見るのか。それは自分の弱点をそのようにやさしさのない眼で見ているからである。

そういう人は、肝心の自分の可能性を開花させることにはエネルギーが残っていない。

アメリカの精神分析医カレン・ホルナイの言う「『べき』の暴君」に、自分自身が支配されなければ、他人にもやさしくなれる。他人にやさしくなれれば生きることのつらさも消えていく。

自分を冷たい眼で見ることが自分の人生をつらくしている。さらにそのうえに相手に対する冷たい眼がある。それがつらい人生という形で自分に返ってくる。

ある夫婦である。熟年離婚の後に相談に来た。

奥さんは、ご主人はすでに自分に関心を失っていると思いこんでいた。なぜなら奥さんがどこへ出かけてもそれについて何もご主人は聞かないからである。

しかしご主人のほうはなぜ聞かなかったかというと、嫉妬深い男と思われたくなかったからである。

内心は嫉妬心でつらかった。しかし「男は嫉妬すべきでない」という「理想の男性像」にとらわれていたから聞けなかった。

するとストレートに嫉妬が出ないで日常生活の別の面に出る。

奥さんは掃除から日常のお金の使い方までネチネチと聞かれて嫌気がさしてしまっていた。

もしストレートに自分の感情を出していればご主人はいやがられないでいたのである。いやがられるどころか奥さんは毎日がわくわくして「素敵な女」を演じていたに違いない。

ある「明るい人」が自殺した。周囲の人は「あの明るい人が！」と驚いた。そして「信じられない」と言う。その自殺した人は、好かれるために明るい性格を無理に演じていた。しかし実は心の底では孤独で自分の無力を感じていた。

そしてその人は自分が無力な人間であるという感じ方を避けるために無理に仕事熱心であった。

人から好意を得ようと明るく真面目にふるまってきた。つまり明るい性格は不安の防衛的性格であった。別の言葉で言えば、明朗と活発は躁的防衛である。

本当は自分に自信がない。その人は自信のなさを隠すために社交的に明るくふるまっていただけである。

妙にはしゃいだり、不自然に明るかったり、わざとらしい親しさをふりまく人がいる。内面の自信のなさを、そのはしゃぎで隠しているのである。

そういう人は無理に明るい性格を演じても、何でも話せる親しい友達がいない。

皆に好かれたい気持ちが強いから、極端なまでに周囲の人の期待に応えようとする。しかしどこかその明朗さは不自然なのである。だが、活動的で実行力があるから社会的には偉くなった。

もしこの人が「実は俺は淋しくて自信がないんだ、だからついつい大きなこと言ったり、わざと明るくふるまったりしてしまうんだ」と自分に正直になれていたら、親しい人ができたであろう。

本当の自分の感情を表現できていればこの人は楽しく生きられたかもしれない。この人が好かれたいと思って明るい性格を無理に演じても、本当にその人を好きになる人はいない。

好かれたいと思っていつもニコニコしている人もいる。しかし「何か、あの人とは心が通じない」と誠実な人は思うだけである。

その無理をして明るさを演じている人も周囲には人がいたが、実際にその人のことを気にかける人はひとりもいなかったのである。

その人が自殺するほど苦しんでいても、周囲の人は誰も気がつかなかったのである。その人が友達と思っていた人は、心が通じる友達ではなかった。

本当の自分の感情を表現して友達でいられる人でないのなら、一緒にいたってしょうがない。本当の自分の感情を表現したら、友達との関係は終わりと思うなら、もともとその友達との関係は幻想にすぎない。

その人たちは自分の感情を隠すことで、自分を守ろうとしていた。だが、真に自分を守るためには自分の感情を出すことだったのである。「感情を出したほうが好かれる」ばかりではなく「感情を出したほうが救われる」。

加藤諦三

本書は、小社より刊行した単行本を文庫収録にあたり、改筆・再編集したものです。

加藤諦三（かとう・たいぞう）
心理学者。一九三八年生まれ。東京大学教養学部卒業。同大学院修士課程修了。現在、早稲田大学名誉教授、ハーバード大学ライシャワー研究所客員研究員、ラジオのテレフォン人生相談パーソナリティー。
主な著書に、『*自信』『*自分を嫌うな』『*気が軽くなる生き方』『*自分を許す心理学』、訳書に『*男と女の心が底まで見える心理学』『もっと「強気」で生きたほうがうまくいく』『*自分が「たまらないほど好き」になる本』（以上、三笠書房刊、＊印《知的生きかた文庫》）など多数ある。

［加藤諦三ホームページ］
http://www.katotaizo.com/

知的生きかた文庫

感情《かんじょう》を出《だ》したほうが好《す》かれる

著　者　加藤諦三《かとうたいぞう》
発行者　押鐘太陽
発行所　株式会社三笠書房
〒一〇二‐〇〇七二　東京都千代田区飯田橋三‐三‐一
電話〇三‐五二二六‐五七三四〈営業部〉
〇三‐五二二六‐五七三一〈編集部〉
http://www.mikasashobo.co.jp
印刷　誠宏印刷
製本　若林製本工場

ISBN978-4-8379-7921-0 C0130

知的生きかた文庫

疲れない体をつくる免疫力
安保 徹

免疫学の世界的権威・安保徹先生が、「疲れない体」をつくる生活習慣をわかりやすく解説。ちょっとした工夫で、免疫力が高まり、「病気にならない体」が手に入る！

40代からの「太らない体」のつくり方
満尾 正

「ポッコリお腹」の解消には激しい運動も厳しい食事制限も不要です！　若返りホルモン「DHEA」の分泌が盛んになれば誰でも「脂肪が燃えやすい体」に。その方法を一挙公開！

食生活が人生を変える
東城百合子

細胞が活気づく〝自然療法〟の知恵が満載。健康づくりのための食事、病気治しの考え方や手当て法で、体の中から生まれ変わります！

なぜ「粗食」が体にいいのか
帯津良一
幕内秀夫

なぜサラダは体に悪い？——野菜でなくドレッシングを食べているからです。おいしい＋簡単な「粗食」が、あなたを確実に健康にします！

子どもにこれを食べさせてはいけない
郡司和夫

子どもをすこやかに、強く育てるための重要知識を紹介！　子どもの健康を守る「選び方」「食べさせ方」は？　すべての親の「強い味方」となる一冊！

C50182

加藤諦三の翻訳本

男と女の心が底まで見える心理学

B・アンジェリス 著
加藤諦三 訳

口には出さない「相手の気持ち」がわかれば、あなたはもっと愛される――。会話からセックスまで、具体的なコミュニケーション法の集大成。

「好きな人」に愛される人、愛されない人

B・アンジェリス 著
加藤諦三 訳

好きな人に愛されるために、遠回りしない方法がある。出会いから恋愛、結婚まで、自分にふさわしい相手に気づき、理想の愛を実現するための「愛の処方箋」。

自分が「たまらないほど好き」になる本

G・ウェインバーグ 著
加藤諦三 訳

「もっと前向きに」「もっと強く」「もっと勇気のある自分」に……全世界で870万部のロングセラーになっている、「自分を変える」一番シンプルな方法！

もっと「強気」で生きたほうがうまくいく

D・シーベリー 著
加藤諦三 訳

世界中の様々な悩みを抱えた人たちが、この本でシーベリー博士が処方した心理的「劇薬（成長剤）」で短期間で見事に問題を解決し、自己実現をした！

C40049

加藤諦三の本

自分を嫌うな

思いこみの自分に苦しんではいませんか。今とはまったく逆の自分が〝本当のあなた〟だとしたら……。ちょっと角度を変えてみれば、〝今の自分〟がもっと好きになる!

自信

実は、心を強くするのはそれほど難しくありません。自分に自信が持てない、やる気がでない、人間関係に疲れてしまう……そんな自分を変える「心」の革命書!

気が軽くなる生き方

いろんな人間がいる。いろんな生き方がある。今はつらくても、自分は自分と思えた人の人生のほうが結果的には実りあるものになる。それはこの本が保証する。

不思議なほど、無理しないほうが愛される

「幸福になりやすい人」は、ありのままの自分に自信を持っている人。迷いや悩みは見せたほうがいい。ここに気づいたとき、幸せは向こうからやってきます。

C40050